爱情“抑郁症”治疗笔记

智慧女人要懂婚恋心理学

读懂爱，治愈爱，学会爱

文廷 著

新世界出版社
NEW WORLD PRESS

图书在版编目（CIP）数据

爱情“抑郁症”治疗笔记：智慧女人要懂婚恋心理学／文廷著．
--北京：新世界出版社，2017.4
ISBN 978－7－5104－6165－1

Ⅰ．①爱… Ⅱ．①文… Ⅲ．①婚姻－社会心理学②恋爱心理学
Ⅳ．①C913.1

中国版本图书馆CIP数据核字（2017）第024980号

爱情“抑郁症”治疗笔记 ：智慧女人要懂婚恋心理学

作　　者：文　廷
责任编辑：张杰楠
责任校对：宣　慧
责任印制：李一鸣
出版发行：新世界出版社
社　　址：北京西城区百万庄大街24号（100037）
发行部：（010）6899 5968　（010）6899 8705（传真）
总编室：（010）6899 5424　（010）6832 6679（传真）
http://www.nwp.cn
http://www.nwp.com.cn
版权部：+8610 6899 6306
版权部电子信箱：nwpcd@sina.com
印　　刷：北京亚通印刷有限责任公司
经　　销：新华书店
开　　本：710mm×1000mm　1/16
字　　数：220千字　印张：13.5
版　　次：2017年4月第1版　2017年4月第1次印刷
书　　号：ISBN 978－7－5104－6165－1
定　　价：32.80元

前言

Preface

告诉我，爱情是什么？
是清泉，是小溪，
那儿既有幸福的泪花，
也有悔恨的泪水。
是那悠悠的钟声，
有一天，它终会把你我
送上天堂，或丢进地狱。
朋友，这——就是爱情。
告诉我，爱情究竟是什么？
是阳光混杂着雨水，
是牙疼搅和着美味，
是游戏彼此胜负难分，
是少女外在的娇羞、内心的意愿。
朋友，这——就是爱情。

这首诗是英国诗人沃尔特·雷利对爱情的理解——爱情的味道有点复杂：有点酸，有点甜，有点苦，有点辣。

我们可以说，爱情是浪漫的，它像一首歌、一场电影一样有情调。"问世间情为何物，直教人生死相许。"爱情的力量是这样伟大，不断激发着两个人生命中的快乐。

我们也可以说，爱情是真实的，它是一种大脑皮层的活动。爱情是人类生命的需要，其实找到真爱并让爱常鲜的真正秘诀并不掌握在命运或时机的手中，而是存在于自己的观念与行动中。

我们只知道坠入爱河是件痛并甜美的事，但为什么人会产生“爱”这种感觉呢？

我们只知道压力大时想吃东西，那这和谈恋爱有什么关系呢？

我们只知道有钱与否不等同于人品高低，但对方对钱的态度与其人品又有什么关系呢？

我们只知道结婚是所谓的人生必经之路，那婚姻对于男男女女来说到底意味着什么呢？

……

恋爱也好，婚姻也罢，没有那么“阳春白雪”，也没有那么“下里巴人”。它是需要控制的行为，是撩人心弦的情绪，是不同人格的磨合，是两种性格的碰撞，是家庭关系的契合。就像本书中所展示的，处在爱情状态下的男男女女，有时候是情理之中的理智，有时候是意料之外的感性，我们要了解的正是对于这种理智和感性的处理。

本书是“呆板”的，因为它像在上课，里面有大量的心理学原理和理论。它以婚恋话题为基础，告诉读者朋友们关于恋爱婚姻的各种情绪、行为、人格等真相。

本书是好玩的，因为它会告诉我们最想知道的情感重点，把爱情真相赤裸裸地展现在读者面前，也会有很多有趣的实验和结论。

本书是实用的，因为它直接展示了婚恋中的行为准则，不仅告诉我们“爱情是什么”，也教我们“如何去爱”。它会告诉我们怎样追求心上人；应该去哪儿约会，约会要注意些什么；相亲时应该怎样聊天；夫妻吵架要注意哪些问题；怎样保持神秘感，让爱情保鲜……

本书不仅是关于婚恋心理的解密读本，更是解决婚恋问题的实用手册。

希望本书能够为行走在爱情之路上的人们答疑解惑！

目录
Contents

第二章

自我——你是想要被爱了，还是寂寞了

第三章

追求——如何让你爱的人也爱上你

第四章

相处——他可以让你安全地成为孩子

第五章

平和——亲爱的，我们可以不吵架

第六章

保鲜——世上没有完美男女，只有完美想象

第七章

离开——分手那天，你一夜长大

第八章

择偶——你这么可爱，可惜不会爱

第九章

预备——所有童话都是写给未婚男女看的

第十章

伴侣——短线爱情，长线婚姻

第十四章

危机——婚姻“凶猛”，你要如何应对

尾声

可以相信童话，但世上真没那么多皆大欢喜

序　幕

讲个故事，告诉你什么是爱

半碗粥

一个男孩对一个女孩说："如果我只有一碗粥，我会把一半给我的母亲，另一半给你。"小女孩喜欢上了小男孩。那一年他12岁，她10岁。

后来，村子被洪水淹没了，他不停地救人，老人、孩子，认识的、不认识的，唯独没有亲自救她。当她被别人救出后，有人问他："你既然喜欢她，为什么不救她？"他说："我不想面对她有可能在我面前离去，但是，如果她死了，我也不会独活。"于是，他们结婚了。那一年他22岁，她20岁。

饥荒时期，他们用仅剩的一点儿面做了一碗汤面。他舍不得吃，让她吃；她舍不得吃，让他吃。3天后，那碗汤面发霉了。当时，他42岁，她40岁。

许多年过去了，他们调到了城里，每天早上乘公共汽车去市中心的公园锻炼，有时，年轻人给他们让座，两人都不愿自己坐下而让对方站着。于是两人靠在一起抓着扶手，脸上都带着满足的微笑。那一年，他72岁，她70岁。

她说："10年后如果我们都死了，我一定变成他，他一定变成我，然后他再来喝我送他的半碗粥！"

爱情是一根甘蔗

他和她是一对生活在蒙山深处的夫妻。她响应号召来到蒙山插队落户。在兴修一项水利工程时，她与他相遇，擦出爱的火花。结婚时，两人将铺盖搬到一起，就算成了家。知青回城浪潮袭来时，她已怀了他的孩子。同来的伙伴告别乡村回了城，她平静地选择了他，选择了那个贫穷却幸福的家。

在为生活奔波的日子里，他们一起下地干活，一起洗衣做饭、养猪喂鸡，过着寻常人家的日子。青葱岁月在他们的指缝间像小溪一样涓涓淌过。

他是个懂得感恩的汉子。考虑到从小在城里长大的她有吃甜食的喜好，每年春天，他都默默地在菜地旁种上几垄甘蔗，等到成熟时砍下，削去皮递到她手里。

孩子们渐渐长大，一个个像离巢的小燕一样飞了出去，他们却依然守着两间破旧的老屋和几亩田地，日子和从前一样。

后来，在乡中学当教师的女儿因为琐事与丈夫闹了矛盾，跑回家来向他们哭诉。她听了，抚着女儿的头，笑着说：“婚姻就像一根甘蔗，一头甜一些，一头淡一些，就看夫妻俩怎么吃。有的夫妻从中间吃起，一个人向梢部吃，一个人向根部吃，两个人的感觉就会不一样，一个人甜，另一个人淡，距离就会越来越远；而有的夫妻一起从梢部吃，开始很淡，但吃着吃着，就会越来越甜，有甜蜜相伴，婚姻就越来越幸福。”

第一章
爱情——到底是谈恋爱，还是发神经

我们爱着爱情的什么

心理学家费舍尔博士曾经做过一项关于恋爱的问卷调查，他发现一个有趣的现象，即不同年龄、性别、民族、宗教信仰的人，答案差别不大。结果显示，不同国家、不同种族的人在心理状态上有所差异，但在恋爱状态上，则达到了空前一致。

原田玲仁所著的《每天懂一点恋爱心理学》这样解释“恋”和“爱”这两个暧昧的词：

“从语义上来讲，这两个词的定义非常暧昧，而且不同词典的释义也不尽相同。在本书中，我将‘恋’与‘爱’加以区分，分别进行研究。‘恋’，指对某位异性抱有‘喜欢，想见面’‘总想在一起’的感情，而且，这种感情得不到满足的话，会感到非常痛苦。而‘爱’，则指‘非常珍视对方’‘没有对方就会痛苦’的感情。此外，‘爱’中还包含‘独占对方（性方面）’的强烈欲望和‘为了对方不惜自我牺牲’的强烈信念。也可以说，‘爱’是‘恋’的高级发展形态。

“不过，要给‘爱’和‘恋’之间清晰地画一条分界线，是非常困难的。人的感情异常复杂，甚至有‘恋’与‘爱’共存的状态。‘恋爱’这个词就是将‘恋’与‘爱’组合起来的表达方式，兼具两者的含义。‘爱’是一种‘珍视对方、不问得失的感情’，基本上只针对特定对象，而‘恋’则可以‘面向’多个对象。”

其实“恋”也好，“爱”也罢，说的都是关乎爱情的事情。爱情是在人类生命繁殖本能的基础上产生的相互倾慕、渴望结合的综合情感体验和心理活动。向往和追求爱情是每个人的本能和权利。

古希腊有个神话传说：

远古时代，人本来是雌雄同体的生物，叫作“男女”。它有四只手，四条腿，一颗头，四只耳朵，正反两副面孔，是个胆大妄为的怪物，搞得奥林匹斯山上的众神烦恼不已。为了安抚众神，宙斯将它撕为两半，每一半有两条腿、两只手。被分开的“男女”痛苦不堪，忍着痛苦急切地寻找另一半，找到后就纠结在一起，强烈地希望融合为一体。自此以后，世间的男男女女始终不知疲倦地寻找着自己的另一半，演绎着一个个动人的故事。

美国心理学家弗洛姆说：“爱情是对人类生存问题的回答。”也可以说，无论是野蛮地生存还是文明地生存，是病态地生存还是健康地生存，都将表现在爱情生活中。

爱情是人类永恒的主题，从某种意义上讲，它可以造就一个人，也可以毁灭一个人。因此，树立健康的恋爱心理，学会处理、协调恋爱中的各种关系和矛盾，是恋爱成功、婚姻幸福的必要保证。

研究和观察表明，人类的性欲是爱情的动力和内在本质。这是繁衍后代的本能。

德国古典哲学家康德一生从没有坠入过爱河，不过他到中年时也说过，对异性的倾慕是男女之间其他所有激情的基础。19世纪末20世纪初，英国著名作家霭理士在他的《性心理学》一书中写道：“恋爱的发展过程可以说是双重的。第一重发展是由于性本能向全身释放……第二重发展是由于性的冲动和其他性质的心理因素发生了混合。”

恩格斯认为：现代的性爱，与单纯的性欲和古代的爱，是根本不同的。第一，它是以互爱为前提的，即妇女同男子有平等的地位；第二，性爱常常达到强烈和持久的程度，如果不能结合而彼此分离，对于双方来说都是一个最大的不幸。这就是爱情的真正本质。

所以，爱情就是男女双方彼此倾慕，并渴望对方成为自己终身伴侣的强烈的、稳定的、专一的情感。

1. 爱情是自然性和社会性的统一

列宁说：“爱情牵涉两个人的生活，并且会产生第三生命，一个新生命，这一情况使恋爱更具社会性，并产生对社会的责任。”所以爱情不是个人的私事，它关系着社会的道德风貌和安定团结。

2. 爱情是生理满足和精神追求的统一

完整的爱情应是灵与肉的统一，它既包含生理的吸引和欲望的满足，又有更高的心理需求，是情感的依恋、心灵的共鸣、精神的享受。

单纯追求生理满足是兽性，是对爱情的贬低和歪曲；而只强调精神追求，则是禁欲主义和精神恋爱。完整的爱情是在一定年龄阶段完成的，过早的爱情只能酿出人生的苦酒。

3. 爱情是情感体验和理智认识的统一

爱情是一种美好而崇高的情感，产生的是兴奋、愉悦、眷恋、倾慕、激动、痴狂之情，同时又含有理智、责任、价值、审美等。所以，爱情是情感体验和理智认识的统一。

爱是一种主动的能力，是一种可以使人突破那些隔阂的能力，是一种把自己和他人联合起来的能力。爱是给予不是接纳，给予不是失去、放弃或牺牲，而是把自己身上存在的东西，如快乐、兴趣、同情、谅解、知识等无条件地给予别人。责任感是一种完全自愿的行动，是对一个人的需要主动做出恰当的反应。爱情没有尊敬就会变成支配和占有。尊敬不是畏惧，是客观地观察一个人并能发现这个人的独特个性，并让这种个性自由成长。给予、关心、责任和尊敬都必须建立在了解的基础之上，爱一个人也必须深入地了解，而全面了解的唯一办法是付出爱的行动。

总之，爱情是人类永恒而又常新的话题，恋爱是每个人都要了解和学习的，知晓恋爱心理，会让我们在寻爱的路上避开那些荆棘，更顺利地找到真爱。

喜欢一个人，有那么多理由

电影《大话西游》中至尊宝在穿越时空后，拒绝了紫霞仙子的表白，因为他以为自己爱的还是穿越时空前喜欢的白晶晶，在他昏迷醒来后就和菩提老祖进行了这样一段看似无厘头实则值得深思的问答：

菩提老祖：爱一个人需要理由吗？

至尊宝：不需要吗？

菩提老祖：需要吗？

至尊宝：不需要吗？

菩提老祖：需要吗？

至尊宝：不需要吗？

菩提老祖：需要吗？

菩提老祖：我只是随便讨论讨论，何必认真呢！面对这个问题可谓是仁者见仁智者见智。

从心理学的角度来说，有时候，喜欢一个人确实是有原因的。

1. 喜欢对方的性格

性格是我们寻找恋爱对象时一个重要的衡量因素。简单地说，任何人都喜欢找一位性格好的人做伴侣。可是，到底哪种性格算是好性格呢？不同的人对性格的喜好存在较大的个人差异，所以不能一概而论。

美国学者安德森曾经做过一项调查，研究人们喜欢哪种性格。他准备了555个形容性格的词语，然后请100名大学生为这些词语评分，评分标准分为0 ~ 6七个等级。结果表明，得分较高的有诚实、正直、善解人意、忠实、可以信赖、理性、可靠和心胸宽广等，而得分较低的有爱撒谎、卑鄙下流等。

2. 为对方的身体魅力所吸引

所谓身体魅力，简单地说就是一个人的容貌和身姿的魅力。大家都喜欢漂亮的异性，这似乎是理所当然的。心理学的很多实验也证明，身体魅力大的人更容易获得异性的青睐。不过，并不是所有身体魅力大的人都会成为自己的恋爱对象。

在大多数情况下，人都倾向于找与自己身体魅力相当的人谈恋爱。虽然与身体魅力大的人谈恋爱更有吸引力，但是如果对方身体魅力超出自己太多的话，自己就会打退堂鼓：“对方的容貌太出众了，我配不上。如果我开口表白的话，肯定会遭到拒绝。”心理学将这种心理称为“匹配假说”。

3. 回报对方的好感与知心

情侣分手时，常说这样一句话：我根本就不了解你在想什么！反过来看，了解对方的心情，对恋爱关系是非常关键的。很多人觉得爱情最舒适的状态就是——你若懂我，那该多好。这叫作“好感的回报性”，即接受了爱情，我们也想用爱情回报对方。

4. 对方与自己行为模式相似

曾经有一对陌生男女，在家用电器卖场的电视机专柜前被同一个电视节目吸引。当他们发现对方和自己喜欢同一个节目时，便互相产生了好感，后来竟成了情侣。

当人的价值观、金钱观、喜好等相似的时候，便容易产生好感。人的态度、行为模式的相似性越高，就越容易喜欢对方，这是使人们陷入爱情的“相似性原则”。

反之，情趣爱好、行为模式相差很远且不能互相理解的两个人，很难发展恋情。美国心理学家经过调查发现，即使一对情侣都喜欢体育运动，如果各自喜欢的项目不同，他们最终也不容易走向婚姻的殿堂。

如果一方很优秀，另一方对此表示钦佩的话，那么“相似性”的效果就会加强。两个人的相似性越高，谈话就越有乐趣，彼此的认知越会达到平衡。这种状态保持下去，就会互相产生好感。

5. 社会背景、周围环境的影响

相信每个人都有这样的感受，看到身边的人都在谈恋爱，自己心里也会跟着痒痒起来，心里想着“要不我也找一个人谈恋爱好了”。其实，用心理学的知识解释，这是同调行为的一种体现。当周围朋友中谈恋爱的人数逐渐增多时，人的同调行为会逐渐转变成一种强迫观念，认为自己不谈恋爱不行。结果，降低了自己对恋爱对象的标准，于是很容易就恋爱了。

怎么样，当你回顾自己的恋爱过程时，是不是发现自己正是因为上面的原因而被你的恋人吸引呢？

吉芬难题：梁山伯和祝英台

传说中有一种荆棘鸟，它一生只歌唱一次，为了唱出胜过夜莺的歌，它把自己钉在最尖最长的荆棘上。人世间有一种“爱情”，为了在这爱情之海中沉浮一次，人们倾尽全力甚至做出可怕的事情。这是一种决绝的浪漫。

爱情太过难得，有的人终生都无法遇到相爱的那个人，有的人错过了就无法再次得到真爱，所以一旦遇上，便愿意付出生命，愿意犯一切错误。

小说《呼啸山庄》里的希斯克利夫，他的爱是那么的狂暴、激烈和蛮横。他将刻骨的爱，化为了铭心的恨。恨，因爱而变得疯狂；爱，在恨中得到了升华！他就像那只把自己钉在荆棘上的荆棘鸟，不顾一切地扑向了“地狱式”的爱情。他因爱生恨，迁怒并憎恨每一个曾经阻挠他和凯瑟琳相爱的人（尽管这一切他也有责任），整日都是凶恶而狰狞的面孔。他对凯瑟琳的爱永远都是那么强烈和任性。直到他离开这个世界时，脸上才挂着让人无法理解的微笑——他在幻觉中看到了心爱的凯瑟琳。

是否每一段炙热的爱情，都会以悲剧结尾，还是因为这部小说的作者艾米莉·勃朗特至死都未得到爱情？艾米莉·勃朗特年纪轻轻就去世了，她的诗“世上唯独我，活着无人关心，死后也无人哀悼。自从出生，就没有人为我生一丝忧愁，露一丝微笑”让人有种莫名的心痛。也许正是因为同样的理由，《泰坦尼克号》里的杰克才心甘情愿地把他对罗丝的爱同身体一起永远埋藏在冰冷的大西洋海底，祝英台才义无反顾地与梁山伯同生共死，化蝶双飞。

细想一下，小说里的爱情大都只能用凄美和壮烈来形容，能得到完美结局的只是极少数。为什么相爱的人不能厮守终生，为什么唯美的爱情最终总是以悲剧收尾呢？是悲剧更具有激荡灵魂的美感，还是另有原因？

如果用经济学原理来解释，可以称之为“吉芬商品现象”。这种现象是由英国统计学家罗伯特·吉芬最早发现的。1845年，爱尔兰发生灾荒，土豆价格上升，但是土豆需求量反而增加了。这一现象在当时被称为“吉芬难题”。英国经济学家马歇尔在其著名的《经济学原理》一书中详细地讨论了这个问题，并在分析中提及罗伯特·吉芬的看法，从而使得“吉芬商品”这一名词流传下来。

这种情况多发生在土豆这类低档商品上。土豆价格上升导致消费者变穷了，收入效应使消费者想少买肉多买土豆。同时，由于土豆相对于肉变得更为昂贵，替代效应使消费者想购买更多的肉和更少的土豆。但是，在这种特殊的情况下，收入效应如此之大，以至于超过了替代效应，结果消费者的反应是少买肉，多买土豆。

与爱尔兰的土豆类似，爱情有时也因其同时满足极低的替代效应和极高的收入效应而成为“吉芬商品”。

在梁山伯的心目中，祝英台是绝对无可替代的，多少金银财宝都无法替代他对祝英台的一片真情，所以祝英台在梁山伯心中的替代效应是极弱的。而祝英台愿意离开名门望族的家庭跟着梁山伯私奔，可见梁山伯占据了她无穷大的“收入”，显然收入效应极高。双方的家庭越是阻止他们，他们在一起的难度就越大，对于梁山伯来说，祝英台的“价格”就变得更高了。但梁山伯不但没有减弱他对祝英台的爱意，反而激起了更加强大的爱情力量，显然是需求反而增加了。当他们两个家族对他们施加的阻力越来越大，大到无法逾越时，梁山伯只能用他的“全部收入”，即他的生命来换取所需的爱情，祝英台也一样，所以他们最终选择以生命为代价换取爱情的永恒。

在现实生活中，我们在恋爱过程中也难免会遇到“吉芬难题”，这也从另一个角度说明了完美的东西往往要付出昂贵的代价。真心地希望所有人能够拥有一份以喜剧收尾的完满爱情。

吊桥理论——我是被吓“爱”的

电视剧中常常有这样的桥段：

女主人公独自走夜路，这时候突然从黑暗中蹿出两个蒙面歹徒，女主角吓得尖叫逃命，可还是抵不过歹徒的穷凶极恶。就在这关键时刻，男主角以迅雷不及掩耳之势出现，把两个歹徒打得落花流水。还没有从惊恐中平静下来的女主角一下子倒在了“英雄”的怀抱里，除了对英雄感激涕零，还心生情愫。

也许这是一出真正的英雄救美，也许这只是男人为了追求女人而找好兄弟排演的一出戏，可无论如何，效果达到了。

其实，这是运用了心理学上的“恋爱的吊桥理论”。

加拿大心理学家达顿等人分别在两座桥上对18~35岁的男性进行问卷调查。一座桥是高悬于山谷之上的吊桥，吊桥距离下面的河面有几十米，而且左摇右晃，非常危险；而另一座桥是架在小溪上的一座坚固的木桥，高度也很低。心理学家先让一位漂亮的女士站在桥中间，并由这位女士负责对男士们进行问卷调查。然后，让接受实验的18~35岁的男性过桥，并在桥中央接受问卷调查。做完问卷调查后，那位女士会将自己的电话号码告诉男士，并对男士说：“如果想知道调查结果的话，过几天给我打电话。”结果，数日之后，给这位女士打电话的男士中，过吊桥的男士远比过木桥的男士多。为什么过吊桥的男士会有这样的行为呢？因为他们把过吊桥时那种战战兢兢、心跳加快的感觉误认为是恋爱的感觉了，而恋爱也会令人心跳加速。这就是所谓的“吊桥理论”或“恋爱的吊桥理论”。

“恋爱的吊桥理论”说明，恐惧会激发人的情欲。这也就不难解释我们为什么会在和异性朋友看完一场恐怖电影或是坐完过山车之后，对其平添几分好感。所以，如果我们正因为交往过于平淡而不知如何是好时，不妨一起出去玩一把惊险游戏，或是到电影院享受一部最新上映的恐怖电影，相信两人一定会擦出不一样的火花。

“我一见你就挺钟情的”

电影《非诚勿扰》中，秦奋和梁笑笑有这样一番对话：

梁笑笑："你相信一见钟情吗？"

秦奋："我一见你就挺钟情的。"

梁笑笑："咱们三见也钟不了情。"

一见钟情，实在是个太浪漫的词，每个人都希望自己能有这样的邂逅，但现实让我们认识到这种可能性太小。

心理学家曾经做过一份关于恋爱经验的问卷调查，结果显示，超半数的人有过一见钟情的经历，其中男性一见钟情的比率比女性更高。这也从侧面说明男性更容易被外表吸引。

李明是一家房地产公司的销售部经理，年近三十的他，女朋友还没有着落。每当别人问起，他总是以工作忙为理由，其实这只是一个很小的原因，真正的理由是天性浪漫的李明并没有遇到令自己倾心的女孩。他也相过几次亲，可最终都不了了之。

这天早上，李明像往常一样走进公司写字楼，走进电梯时，李明眼前一亮：一位身穿黑色套装的女子，衣着干练，眉宇间却流露出温柔和性感。当她与他对视的一刹那，李明仿佛被电到一样，李明知道自己遇见了爱情。出于礼貌，两人只是彼此互道早安。

后来，李明得知这名黑衣女孩是广告部的新员工，名叫乔雅。得知乔雅还是单身之后，他便展开了猛烈的攻势，而乔雅最终在李明两个月不间断的送花行动中答应了与他交往。在交往过程中，双方都产生了彼此可相伴终身的感觉。一年后，他们步入了婚姻的殿堂。

为什么会存在一见钟情这种很玄的东西呢？其实，这是一种有趣的心理现象。

根据美国研究人员的调查统计，美国的离婚率很高，但是，一见钟情的夫妻的离婚率相对较低。此外，一生中只发生过一次一见钟情的人也很多。可以这么说，一见钟情是我们寻找最佳伴侣的一种特殊能力。

关于一见钟情的原理，有很多说法。

一种是基于外观好感，即人对与自己外观相似的异性容易产生好感。

因为，我们熟悉自己的外观，当出现外貌属性类似者时，我们会产生一种亲切感和安心感。

另一种是适应性无意识能力，即第一时间迅速做出的对人或事的高精准反应。也就是第一眼就能够判断对方的属性，并认定双方可以在一起。

还有一种是信息素，即人能够接收某些异性发出的信息素，从而产生恋爱的感觉。

当然，并不是所有的一见钟情都能修成正果，只能说有这个感觉后，还需要长时间的相处去了解对方。

不因美丽才可爱，因可爱才美丽

人们都说，“情人眼里出西施”，但在心理学上有一种说法是“审美错觉”。错觉是对客观事物本质联系的一种错误知觉，有审美错觉和认识错觉之分。认识错觉，反映的是不真实的客观情况；审美错觉是对审美对象深入体验之后，审美主体所产生的真实的美的感觉。这种审美感觉从客观上看好像是失真的，但在主观上是真实的心理体验。

热恋中的男女对异性美的审视，既针对其外在体貌美，也针对其内在心灵美。心灵美可以弥补外表美的不足，正如托尔斯泰所说的：“人不是因为美丽才可爱，而是因为可爱才美丽。”有这样一个动人的故事可以证明这一点：

伊丽莎白·巴莱特是19世纪英国著名的女诗人，坎坷的命运使她与五彩缤纷的生活擦肩而过。多年的病痛使她卧床不起，年近四十仍孤身一人，但她写得一手好诗，拥有众多诗迷。她与白朗宁的结识是从白朗宁写给她的一封信开始的。几个月的密切通信后，巴莱特收到了白朗宁的求爱信。鉴于自己的身体状况，巴莱特拒绝了他，但白朗宁坚持不懈，终于打动了巴莱特尘封已久的心。两人见面时，白朗宁拉着巴莱特的手说：“你真漂亮！”白朗宁的意外闯入，使巴莱特原本灰暗的生活出现了明媚的阳光，更不可思议的是，多年来纠缠她的疾病竟也有了转机。在别人眼里，巴莱特相貌并不出众，而且身体还不健康，何美之有？可白朗宁却在她的诗里发现了她的内在美，由内向外扩散，巴莱特成了他眼里最美丽、最可爱的女人。

这种审美错觉其实是很有意义的：它使我们发掘出恋爱对象身上更深层的美，推动爱情发展。但审美者如果本身没有健全的审美意识，或者放任这种错觉发展到过分的程度，便会产生消极的作用。正如霭理士所言："在热恋中的男女竟会把对方很丑的特点认为极美，而加以誉扬颂赞。"

人的价值观、人生观是产生审美错觉的内在原因。一般来说，人们总是向往美好的事物，并且往往把美丽与善良、真诚联系在一起。美丽的外貌容易引起人们对真、善的联想，从而产生好感，这是一种自然的心理反应；真、善的内在本质也容易引起人们对美的思考，从而产生美感，这也是正常的心理效应。但无论对真、善的理解还是对美的欣赏，都离不开正确的价值观、人生观的引导。没有正确的价值观、人生观，就不会达到真、善、美的审美统一，就无法架起连通内在美与外在美的桥梁，甚至内心连对美好事物的追求和向往都没有。如果爱情没有了正确的价值观、人生观引导下的审美，就容易暗藏危机，导致日后婚姻家庭悲剧的发生。如果审美错觉有悖于正确的价值观、人生观，一旦爱的激情日趋平息，光环效应随之消失，后悔就为时晚矣。

恋爱中的男女，容易被对方的光环迷住双眼，而忽视其灵魂。巴尔扎克曾对这种情况做了透辟的描述："在虔诚的气氛中长大的少女，天真、纯洁，一朝踏入了迷人的爱情世界，便觉得一切都是爱情了。她们徜徉于天国的光明中，而这光明是她们的心灵放射的，光辉所及，又照耀到她们的爱人。她们用心中如火如荼的热情感染爱人，把自己崇高的思想当作他们的。"

有些人由于心理发育不够成熟，常常不能冷静、客观地审视对方，见其优点而不见其缺点，甚至把缺点也看成了优点。例如，有位女子爱上了一位颇为英俊潇洒的男子，英俊潇洒盖过了其他一切。他粗鲁，她认为是豪爽；他挥霍浪费，她认为是慷慨大方；他有些方面不老实，她认为是聪明机智；甚至他和别的女人勾勾搭搭，她还认为是他的魅力所致……直到最后她吃了大亏，才后悔莫及。

热恋中的人，出现审美错觉是正常现象，但不能听之任之，而要通过正确的价值观、人生观来指导和修正这种审美错觉。

你越性感我越爱，原来是进化问题

男人是注重感官的“动物”，喜欢性感的女人。不同的女人有不同的味道，很多男人认为性感的女人是最有女人味的。

男人为什么喜欢性感女人呢？从生物学角度来说，哺乳动物要不断繁衍下去，离不开雌性的生育能力，而分娩是对女性的一大考验。人类的胎儿是在子宫中成熟，而后从阴道中生出。胎儿的顺利产出与女性的身体素质、肌肉状况有关。人类早期怎么知道女人有足够强的肌肉呢？翘臀便是最好的证明，这说明这个女人有足够强的力量在分娩时把胎儿平安地生出，胎死腹中这种情况发生的概率比较低。孩子生出来后，女性还得有充足的乳汁来哺育下一代。因此，男性便依据女性乳房的外形判断她是否有足够的能力哺育下一代。他们知道，一个女人如果拥有丰满坚挺的乳房，她在未来就能够为孩子提供足够的乳汁，而不至于让小孩饿死。

物换星移，这样的意识也积淀在人类的潜意识里，随着基因代代相传，也多亏这些基因里的默认值，人类的种族才能不断壮大，并且延续至今。

性感能引发一种性的吸引力。在不同的女性身上，性感散发出不同的味道，产生不一样的效果，意境的高低、效果的优劣则取决于个人的修为。例如，看起来性感与本身就性感，引起人性冲动的性感与让人心跳的性感，媚俗的性感与优雅的性感，自然是不同的层次。

女人的性感是烙在骨子里的。真正的性感不局限于外表，比如相貌是否妩媚迷人，衣着是否风情撩人。性感本质上是一种发自内心的活力，这种活力彰显女人丰富的内心。千万不要误认为穿得越少越性感。女人不应该把暴露当作荣耀，男人的“回头率”也不是女人的资本。情感是一种气质，而不等于“穿得露”，女人追求性感千万不要采取媚俗的方式。

据性心理学研究，男人心目中的性感，除了女性的性特征、自信心、幽默、浪漫、刺激及冒险，还有一些抽象元素，神秘感就是其中之一。电影史上被称为性感明星的，如玛丽莲·梦露、碧姬·芭铎等，哪个没有深不可测的神秘眼神？女人在心上人面前，要给对方留有揣摩与想象的空间，留有余韵就是制造神秘感的一种手段。总之，就是不要完全满足对方的好奇心。现代的性感早已超越视觉、身材或是暴露多少的范围，如花灿烂的笑靥、天真或带媚态的眼波、沉溺于思考或想象时忧郁而出神的神态，都是内敛的性感。性感女人的肢体语言——抛媚眼、无奈和惊叹时的扬眉嘟嘴、不经意的自我触摸都是最销魂蚀骨的小动作。

越来越多的现代女性都只为自己而不单为讨好男人而性感。她们追求自己的“感觉良好”，而不单纯是“为悦己者容”。性感是雌性动物的天赋。刚睡醒时的一对惺忪睡眼、酒后的微醉与一脸绯红何尝不性感，而这正是构成美感的元素。所以，性感无须刻意追求，它原本就是上帝烙在女人骨子里的性磁力，女人只需自信地彰显，别人自然而然便会感受到。

第二章
自我——你是想要被爱了，还是寂寞了

吃货，你是五行缺“爱”啊

电影版和电视剧版《杜拉拉升职记》中，除去那场浪漫的恋情和眼花缭乱的时装，给人留下深刻印象的还有杜拉拉的吃相。无论是“徐静蕾版”吃巧克力的样子还是“王珞丹版”吃寿司的样子，都有损淑女形象。当杜拉拉感觉疲惫、郁闷、哀伤或是压力大时，总是狼吞虎咽，吃得满嘴黑乎乎的，还自我安慰说，缓解压力的方法一是购物，二是吃，自己没钱购物，只能选择吃了。

其实不只是杜拉拉，生活中有很多女人都“贪吃”。而这种贪吃，不是为了满足胃和嘴，而是心理需要。

英国的戴安娜王妃，也是一个以“吃”来弥补内心情感缺失的人。在外人看来，她的生活至少在一开始看上去像美丽的童话，可是感情生活的不幸和公众舆论的压力让她生活得很累，她多年来一直都在和贪食症及抑郁症做斗争。戴安娜在公众面前显得非常自信，可在私底下，她却总是遭到查尔斯愤怒的指责，说她太不庄重、太过炫耀。这致使戴安娜的“贪食症”持续不愈，她的自信也直线下降。

数据显示，贪食症多发生于女性，男性病人仅为女性的1/10左右。研究贪食症病因的专家一语道破：“贪食是一种压力应激反应，基于种种压力，使得患者通过饮食转移注意力，因为暴食后可以暂时缓解焦躁烦闷的情绪。”

一个内心充实的女人，一个有职业和生活空间的女人，不会把自己投掷于“胡吃海喝”的旋涡中，她们享受美食，却不会执念于此。

杜拉拉也好，戴安娜也罢，她们对食物的执着其实源于生活中的不安全感——没有人照顾，独自一人承受生活的压力，这是缺爱的表现。这里的“爱”不一定指男女之爱，还涉及安全感。她们通过“吃”来排解孤独，获得满足。而这种表现来自于我们的婴儿时期，比如，婴儿的安抚奶嘴、哭后的进食等，那个时候，人类将口腔满足与安全感进行了联想。成年后，适当的饱腹行为确实能够缓解负面情绪，增加满足感和安全感。

如果你手里总是拿着零食，就该问问自己：是胃空了，还是心空了？

婚恋法则

情感周期表

万事万物皆有定律，爱情也不例外。不同的年龄段，女人都有不同的优势。

1. 璞玉期：16~22岁

人们常说，16岁的花季，17岁的雨季。步入16岁，作为女人的“美丽”含苞待放，芳香悄悄蔓延。紧接着步入17岁，迎来了雨季，滋润着女人之花愈发美丽芬芳。16~22岁，这是一个少女向女人变身的过渡时期，对爱情懵懵懂懂的她们初次为男生心跳不已，初次品尝爱的甜蜜，单纯地快乐着。她们是璞玉，未经打磨，却有着内在浑然天成的价值。如果能够幸运地遇上懂得珍惜的人来开发她内在的光彩，一定会激发出耀眼的光芒。单纯让她们分外美丽，却也可能让她们因错择情缘而痛苦，甚至留下一生都难以抹去的心灵伤痛。单纯而不失理性，才能让这个时期的美丽女孩迎来童话般的爱情。

2. 黄金期：23~25岁

23~25岁是女人的黄金时期，女人之花热烈绽放。少女时期的美尽管纯净却略显稚嫩，而一旦过了25岁，女人的身体条件逐渐走下巅峰，外在之美开始流失。所以，只有黄金期的女人，才当得起《登徒子好色赋》中“增之一分则太长，减之一分则太短。着粉则太白，施朱则太赤。眉如翠羽，肌如白雪。腰如束素，齿如含贝”的描述。在女人这最美丽的时节，何不据“天时地利”之优势，发挥“人和”精神，牢牢锁住一个优质男？

3. 珍珠期：26～28岁

女人一过25岁，黄金时期的辉煌难再，没有黄金的光彩夺目，却还有珍珠的莹莹光芒。因此，女人的26～28岁被称为珍珠期。这个时期的女人，可能经历过一些感情的挫折与伤痛，但岁月的磨炼让她们散发出一种温润成熟的美感，如孕育于蚌壳中的珍珠一般温婉润泽。这样的美丽最能刺激男人对女人的呵护欲望。

4. 青铜期：29～34岁

29～34岁，被称为女人的青铜期，因为此时的她们不再光鲜，不再抢眼，而是抹上了一层时光的痕迹，轻易掩饰不了眉梢眼角的疲态和沧桑。无论是女人自己还是她们身边的男人都不得不接受“年华易逝”的事实。尽管这个时期，女人的内在美越来越突出，但懂得欣赏这种丰富心灵世界的人很难遇见。这个时期想要获得幸福，女人需要调整择爱标准，寻找一个对且适合的人。

5. 瓷器期：35～38岁

过了35岁，女人可能会渐渐看淡爱情，放慢脚步，享受生活。这时，女人被宣告进入了瓷器期，内在的修养和气度通过举手投足透出，面容上笼罩着一层光亮。此时的女人仿若上好的瓷器，精致、华贵，配得上上好的铁观音，也能够盛放香醇的现磨咖啡。这种知性的美丽反而能够吸引诸多男子。

6. 古董期：39岁以后

步入39岁，很多女人或许开始享受单身生活。她们不再为相亲奔波，不再为男人刻意打扮，无视流言蜚语，在自己的世界里活得逍遥自在。在恋爱的跑道上，女人开始放慢脚步，因为她们已经进入了身价的古董期，越来越昂贵。男人们不会像寻求猎物一样盯着这个年龄的女人看，但只要能遇上就是一种缘分。这时，男人看重的是内在，是心灵的契合和灵魂的共鸣，这就像一个收藏家遇见了心仪的古玩，那种喜悦难以言表。

相亲不赖，但我不需要把爱情当投资

一位女性在相亲后曾说：“相亲是一件让人不舒服的事情。”她并不是排斥这种方式，而是受不了那种让人手足无措的陌生感。她说：“其实也不是对方不好，这种事不讲也就算了。大家出去玩，像朋友一样，说不定就会有感觉，但事前说好了是相亲，心里总觉得怪怪的……如果安排去酒吧喝点儿东西也许会比较轻松，但同样是吃饭，面对面地和介绍人坐在一起，完全不知道应该说什么。”她这番话可能道出了很多“被相亲”的单身青年的想法。

来看一看现在的大都市“相亲会”的场面：

每逢发起日，从早上开始，就有很多家长和年轻的男女陆续登场了。因为举办方事先已经登记过参与者的个人情况，所以在会场里，男女双方各自的具体资料和择偶条件都已经收录在案，比如学历、年龄、容貌、职业、收入水平等。举办方会为前来相亲的人士准备一个非常浪漫的“相亲会”，双方的资料会写在卡片上，用绳子串起来，摆成一个花的形状；有的还直接挂在卡通人物模型上，即使是没有找到意中人，也如同逛游乐场一般，让人感觉不到一丝一毫的尴尬。

相亲现场会分成60年代区、70年代区、80年代区和夕阳红区，人们可以根据自己的需要去寻找心仪的对象。相亲会场一般都设立在咖啡厅或者充满浪漫气息的餐厅旁边，找到中意的对象，就可以相约在那里进一步了解彼此……

还有一些年轻人自发组织的相亲会，更能玩出不同的花样，比如在某广场举办临时的聚会、发起登山比赛顺带相亲等。对于相亲来说，最大的敌人就是“自闭”倾向。“与其两人相处，不如各享孤独”，这样的心理认知导致了一种“我不识人，人更不识我”的恶性循环。而相亲这样的相知形式，注定了两人都需要展示自己，同时学会了解对方。如果交流有障碍，甚至连交流的机会都没有，那的确是一个难题。

然而，与以前令人局促的相亲场面相比，现代人很容易化解尴尬，现在的一些相亲活动反而更像是一种带着任务的娱乐：不是说相亲难吗？那我们就安排一场聚会；不是会紧张吗？那我们就来轻轻松松玩个游戏……即使做不成眷侣，也可以做朋友。所以，一场相亲会结束以后，也许没能促成恋爱或婚姻，社交圈子倒是大了不少。

有些年轻人说，相亲是一件既经济又实惠的事情。婚姻找的是“搭伴过日子”的长期伴侣，没有人不想用最低的“成本”找到最好的一个。在相亲会上，男女资料很详尽，这就省去了搜寻资料的时间。从经济学的角度来看，相亲是一种低成本的有效投资。如果把婚恋看作一种经济行为，“消费者”最害怕的就是信息不对称。尽管自由婚恋充满了浪漫色彩，但有时我们也容易被蒙蔽双眼。尽管用心挑选，可还是经常有人在一段时间后发现问题，比如，两人关系很好，可谈婚论嫁的时候，对方的家庭却突然出来干涉……

相亲不赖，但是，我们可能在爱情中寄托了无限希望。精打细算出来的爱情，不是不好，但往往会缺少一些我们理想中的东西，不得不说，这的确是一种遗憾。

那么，如何才能有益于成功相亲呢？

藤堡大学的米提亚·巴克教授曾经做过一个“模仿相亲”的实验，他让“相亲者”每3分钟换一个“相亲对象”，直到所有人都和“相亲对象”交流过。然后再让这些“相亲者”填下自己有好感的对象，并提问是否愿意进行更进一步的了解。同时，在实验之前，所有“相亲者”都填了一个关于个人属性的表格，包括个人年龄、恋爱预期等。

实验结果是“花心男”（对所有“相亲对象”都表现绅士的男性）和“专一女”（只对自己有意向的人表现好感的女性）基本选择了彼此。

虽然这种选择不一定是普遍规律，但可以作为一种相亲参考。同时，我们也希望单身的人们能够轻松看待相亲，谨慎对待感情。

婚恋法则

朋友，你“踩雷”了

约会时，需要懂一些注意事项和忌讳，以避免踩到雷区。

1. 沉默走到尽头，就是下水沟

冷场非常尴尬，试想两个陌生人第一次见面，喝着咖啡，不知道说些什么好。这是一幅多么“风萧萧兮易水寒”的场景！其实，找到彼此能聊的话题并不是太难的事情，聊一些时尚生活，或者兴趣爱好，总归不是难事。但是，切忌聒噪和一味地谈论自己。

2. “随便”的约会，最后也只能“随便”

尽量少用“随便”之类的词，否则会给人一种没有主见和缺乏独立性的感觉，哪怕你自认为那是一种谦让。一律把事情交给对方处理，自己就像是复读机一样“随便、随便”，你以为自己是雪糕吗？同样的，太多的“随便”，也会让对方觉得你没有太重视这次约会——我都已经是“随便”的等级了，还是罢了吧。哪怕双方一开始都有好感，这种好感也持久不了。

3. 既然是“火星人”，还是回火星去吧

初次见面穿着时尚是很好，但要记得，时尚的同时要注重品位。当时尚变成了前卫的潮流阵地，对方对你的好感只能战死在初次见面的杀场上了。当你花红柳绿地出现在对方面前时，他淡定的外表下或许正隐藏着一颗扑通扑通乱跳的小心脏——不是心动，而是被吓的！所以，穿着要得体大方，切忌过分潮流和怀旧！

4. 切忌吹嘘自己的“阅人无数”

有过恋爱经验不算什么，但是如果拿来在相亲对象面前谈论，就有点傻了。本来两人交流一些前任感情史，不是什么问题，点到为止就好，何必一五一十连自己被甩了N多回的不幸遭遇也拿来分享呢？说话办事要懂得分寸，知道什么该说，什么不该说，什么该说三分，什么该说七分。

单恋到底是什么

有一种爱“我知道，你不知道”——这就是“单恋”，是指对某个人一相情愿的爱恋，而对方却不能投之以爱的回报，或者根本就不知道。

单恋是人渴望爱情的一种心理反应，只是这种感情不是建立在双方相恋的基础上，而是当事人从主观愿望出发的“自作多情”。有些单恋者往往把自己的想法和情感倾注到对方身上，但又不知道对方是否有意，因此陷入痛苦、彷徨、忧虑的状态。也有一些单恋者由于对思慕对象一往情深，想得到对方爱情的心太急切，这种心理下，常把对方的言行举止掺入自己的主观理解，造成认知偏差。

当单恋的人面对思慕对象时，会表现得紧张不安，并且试图掩盖自己的情绪，有些人甚至会出现语无伦次、动作僵硬等笨拙举动，使对方感到莫名其妙。单恋者尽管对现实恋爱十分向往，却不敢轻易向对方表白，生怕对方说出“不”字。

单恋者的思慕对象可以是相处多年的好朋友，也可以是偶然邂逅的路人，还可以是已经分手的昔日恋人，等等。那么单恋是如何形成的呢？总体来讲有以下两类成因。

1. 爱情错觉

把男女间正常的交往、朋友式的关怀和友谊，误解为爱情，想入非非，陶醉于遐想的“爱情”中造成单恋。

2. 理想模式

每个青年男女的心中都有“白雪公主”或“白马王子”，一旦在生活中遇到一位在容貌、才华、气质、风度上与自己理想模式吻合的人，就可能产生难以抑制的爱情之火，这种爱在没有引起对方的共鸣时就形成了单恋。

单恋的人将深情藏在心里，却又急切、焦灼不安地期待着对方的爱情吐露。长时间的感情压抑和失望，会加重忧郁和苦闷。在单恋的状态下，人们心情烦躁，情绪低落，敏感多疑，注意力下降，学习、工作效率低，失眠、厌食，严重者会造成忧郁症，影响身心健康和正常的生活。那么，我们应该怎样处理这样的情绪呢？

1. 移情

将注意力转移到学习和工作中。处于极度的繁忙之中，就会无暇顾及情感问题。

2. 倾诉

把心事告诉密友，让对方帮助你排解苦闷。

3. 直接向对方表达爱慕之情

直接表白，如果对方接受你当然最好。如果对方劝慰你放弃，只能说明对方并非你的缘分，你可以大哭一场，释放压抑的情感，这也是人生的一次磨炼和情感体验。美梦惊醒的那一瞬虽然痛苦，但你很快就会发现这也并非世界末日，吸引你的异性还会出现。

4. 运用心理学上的贬值法

某些东西，对它态度不同，其价值也就不同。这时候可以将其“贬值”，降低其在心中的地位，进一步摆脱对它的依恋。你可以多想想对方的缺点，然后你会发现，自己心仪的对象原来也不是那么令人着迷，这样可以逐步消除对对方的迷恋，快乐地投入生活，享受人生。

单恋是一种美好的爱情体验，运用得好可能成为你完善自己的动力。在爱情这条路上，每一段爱的经历都是一种生命的体验，人们会在爱的过程中迷惑、困顿，但只要调适好自己的内心，每一段爱的经历都能给心灵带来润泽。

婚恋法则

恋爱的3个阶段

俄国文学大师托尔斯泰有句名言：“一千个人有一千种爱情。”的确如此，现实生活中，每个人的爱情都有不同的对象、不同的经历，各有特色。但是，从初次接触到结婚，完整而有效的恋爱包括初恋、热恋和熟恋3个阶段，通俗地讲，即“谈”“恋”“爱”3个过程。其中“谈”是恋的前提，“恋”是“爱”的基础，不同的阶段有不同的心理特征。

1. 初恋阶段

爱情萌生的时期。在时间上指恋爱双方从进入角色到热恋前的这段接触。这一阶段一般具有下列几种心理。

（1）试探心理。与对方接触后，设法全面了解对方，或人为制造“考验”情景，或正话反说以观察对方的情感变化等。一般来说，女子的试探心理较男子复杂。

（2）戒备心理。由于交往程度浅，接触时间短，故恋爱双方都存有不同程度的戒备心理，不愿很快动真感情，不轻易暴露自己的缺点。双方接触时显得十分冷静，故交谈时含蓄敏感，不能推心置腹。

（3）矛盾心理。恋爱双方经过一段时间的接触了解，既发现了对方的一些优点，也发现了一些缺点。此时，欲罢不能，欲谈又勉强，心里充满了矛盾。

2. 热恋阶段

爱情成熟的时期。客观地讲，是指双方进入了感情上的迷恋时期。“谈”的过程结束，就是“恋”的阶段开始，二者紧密相连，很难从具体时间上予以划分。经过初恋阶段的相互了解，双方的心理相容程度更深、更广，都沉浸在幸福中，精神面貌焕然一新。此时，双方心灵相悦、精神相通，彼此真正地互相了解。与初恋阶段相比，热恋阶段的男女具有下列一些心理特征。

（1）情感热烈。由对方外表、气质、才华等汇集而成的巨大魅力激起自己的强烈思念和躯体依恋，产生企盼、等待、幻想等一系列内心活动。身心常处于迷恋恍惚的状态，有时难以用理智控制。常有“一日不见，如隔三秋”之感。

（2）感情专注。热恋中的男女感情专注，指向性很强，他们的注意力和兴趣都集中在热恋对象身上。不但注意对方的穿着打扮、仪表风度和言谈举止，而且注意对方的为人处世、情趣志向和品格情操。此时，心中记挂着对方，希望时时刻刻在一起，对二人感情活动以外的其他活动兴趣不大。

（3）产生审美错觉。随着感情日趋深化，对方在心目中的地位变得更重要，形象变得更完美，热恋中的人会出现审美错觉，即“情人眼里出西施”。由于对恋人的爱慕，常将对方加以美化、理想化。即使有一些缺点，也被这种爱慕冲得一干二净。这种近乎偶像化的崇拜心理常使爱情误入歧途。

3. 熟恋阶段

熟恋阶段又称稳恋阶段，是恋爱进程趋于完美、成熟的阶段。时间上已开始进入婚前准备和计划婚后生活的阶段。“恋”和“爱”二者是互相渗透、互相依存的，有“爱”才能产生“恋”，有“感”才能加深“爱”。但与热恋阶段相比，此阶段又具有不同的心理特征。

（1）排他心理。由于感情的深化，此阶段，恋爱双方已将彼此联系在一起，产生占有心理、嫉妒心理，不愿恋人与其他异性接触，爱得越深，这种排他心理越甚。

（2）“冷淡期”出现。经热恋期的频繁接触，双方解除了戒备心理，言行较之前更随性，自我暴露增多。加之热恋的热度有所下降，对生活认识更实际，双方会发现对方一些不尽如人意之处。有时对一些问题的认识也难达到统一，加之受到家庭成员态度、社会舆论的影响，情绪上易出现波动。有时甚至会为一些琐事而闹别扭，感到莫名的烦恼而冷落对方。当双方都意识到隔阂存在时，一般都能冷静面对，努力消除这种隔阂。

（3）现实感增强。度过“冷淡期”后，感情在理智维系下回潮并进一步发展，双方都争取达到精神和谐、观念一致。此时恋爱已与婚姻联系在一起，并常讨论一些实际问题，如婚礼的筹划、亲友关系的处理、家庭生活的安排等。

第三章
追求——如何让你爱的人也爱上你

再等，你心上人就跟别人走了

有些女孩的爱就像默默开放的花朵一样寂寞，却又纯洁无瑕。她默默地喜欢一个人，为他高兴，为他伤心。当有一天，看到他牵着另一个女孩的手从她身边走过并幸福地向她打招呼时，便顷刻间心碎了……

电影《四月物语》讲述的是一个发生在17岁美丽少女榆野卯月身上的“爱的奇迹”，因为暗恋学长，成绩不佳的她努力考取了学长所在的武藏野大学。影片开始便是女孩站在飘满樱花的东京街头，开始了她向往已久的大学生活，也开始了对爱情的执着找寻。

镜头一直以一个旁观者的角度注视着这个女孩的日常生活，从她搬入东京的新居，到她在新班级里做自我介绍，到她参加钓鱼社的活动，到她在电影院外被陌生男子尾随……直到她被在书店打工的学长认出后，她才终于有勇气伴着淋漓的雨声对学长说出“对我来说，你是很出名的”。在这场痛快淋漓的大雨中，影片缓慢平淡的节奏因为女孩秘密的突然揭开而发生变化，迅速达到了高潮，而电影也就此走向了尾声。

故事很唯美，却又带着淡淡的伤感。在爱情的国度里，地老天荒永远是两个人共同创造的甜蜜，一个人是不能地老天荒的。别再苦苦等待你的爱情，却眼睁睁地看着心仪的白马王子拥别的女人入怀，和别的女人白头偕老。爱他，就去告诉他，就去追求他，努力才能为幸福加分。

爱，除了心灵的感应与感觉外，还应有行动的表白，不论是爱还是被爱，都是一件幸福的事。可幸福不是等来的，这需要努力，需要创造。如果爱，就要敢于表白。表白对于一份爱情的开始十分重要。因为骄傲放不下面子，不肯先向对方示爱，这又何必呢？示爱并不是示弱，假如这段感情幸运地开始了，先示爱的一方也并不就是低人一等，敢于表白的人才能掌握自己的情感轨迹，才能抓住自己的幸福！

当你遇到自己喜欢的人，在什么都没有开始时，如果以为“他不一定喜欢我”，那么你可能会真的失去他，失去选择的机会。

害怕被拒绝也大可不必，女人需要做的是克服自己自卑不安的想法和自愧不如的心理。不要坐在电话机旁犹豫不决，事实上，只要你勇敢地拨一次电话，事情就可能完全解决了，你也将彻底摆脱忧心如焚的处境，即使遭到拒绝，也不算是什么大不了的事情，你只要保持轻松的心情就能度过情绪不稳定的日子。如果你什么都不去做，却只是终日停留在忐忑不安中，猜测他的心意，又有什么意义呢？为什么不自己掌握主动权呢？

被拒绝并不代表你有什么过失，也许他心有所属，而他恰恰是个忠诚的爱人；也许他目前为事业忙得焦头烂额，根本无暇分心经营爱情；也许他最近情绪不佳，偏偏你又撞在枪口上。所有这些都与你无关，不要因为被拒绝就觉得被判了死刑，失去了追求爱情和幸福生活的勇气。

当然，追求心上人无可厚非，但是一定要有技巧，千万不要让对方觉得自己像“送上门免费试用的产品”，这是对自己和这份感情的轻视。女孩子可以主动，但一定是“有弹性”的主动。因为从心理学上来分析，人类对于唾手可得的东西往往不会很重视。一个原因是，人类对某一样东西的重视与否和对这样东西耗费的时间精力有关，有难度的获取会加强人类的挑战性和冒险性。同时，对过于主动而来的人或事，多数人会有本能的心理防御机制。所以，女孩子表达情感要适可而止，如果你对心上人告白后，对方也对你有好感，此后无论心情再雀跃也要保持一定的距离，明确表示出“我喜欢你，但我不会没尊严地喜欢你”。

婚恋法则

遇到心上人主动出击的四招

有喜欢的人就要主动出击，无论结果怎样，总比被动等待要好，那么，我们应该怎么做呢？

1. 记住对方的资料

在男女交往中，免不了互相介绍，这时候你一定要全神贯注，要记住对方的名字，否则对方会觉得你过于高傲或心不在焉，可能会对你敬而远之。除了对方的名字，对方的职业、籍贯、电话号码、兴趣爱好、饮食口味等，都要牢记在心。在适当的时候，不经意地让对方知道你对他的小细节记得很清楚。

2. 与其他异性交往要把握分寸

事实证明，男人的嫉妒心是一笔可以利用的资源，一个被若干异性爱慕着的女性比落落寡合的女性魅力大得多。只要使用得法，你所钟情的男人会出于对其他异性的嫉妒而对你产生兴趣，但最好是点到为止。“欲擒故纵”不失为一种好办法，但要记住“物极必反”，你如果表现得来者不拒，形象将会大打折扣。

3. 要做一个“变形金刚”

太阳每天都是新的，人也是一种喜新厌旧的动物。当你心仪的人对你无动于衷时，不妨尝试改变自己，让对方每次见到你都有一种全新的感觉。比如，改一下打扮，变一下发式……当然，最根本的还是精神面貌的改变，注意需要改变的是你的弱点，而不是优点，盲目改变不如不改。

4. 学会鼓励那个自己暗暗喜欢的人

有人曾做过一个小测试，如果遇到一个你极满意的异性，你是否会主动搭讪建立联系？答“会”的人比答“否”的人比例高。

为什么不主动与自己喜欢的那个异性联系？有些人认为这样做有违自己的行事准则，有些人是因为担心受到冷遇，还有些人怕被笑话。不过，据调查，因为缺乏勇气而不与自己喜欢的异性搭讪的男人的比例高于女人。可见，男人在表达爱意时，比女人更胆怯，女人应该学会鼓励自己心中暗暗喜欢的那个男人对自己表白。

去酒吧，谈个情说个爱

在美国西部拓荒时代，酒馆里卖酒时对每位客人有量的限制。然而，常有酒客喝醉之后，自行到柜台里拿酒喝，于是酒馆便在客人的桌子与柜台之间设置了一根横木。这就是如今吧台的雏形。也就是说，吧台本来有控制客人饮酒量的作用。后来，在吧台的阻隔之下，客人只好把想喝酒的冲动转移到身边的异性身上。以上是酒吧适合谈情说爱的原因之一。事实上，一提到酒吧，我们首先想到的是昏暗的吧台和骚动的人群。

酒吧里昏暗的环境可以阻隔他人的视线，因而可以帮助人们放下伪装，安心地饮酒作乐。而对于谈情说爱的男女来说，昏暗的环境也是相当惬意的。

心理学家卡根曾做过一个实验，目的是调查在明亮和昏暗房间中男女行为的不同。结果显示，在昏暗的小房间中，男女身体紧密接触，亲密感激增。也就是说，昏暗的环境可以使男女之间变得非常亲密。所以，酒吧昏暗的环境适合男女谈恋爱。

可以说，酒吧是男性向女性表达心意的理想场所之一。并且，由于昏暗的灯光和微醉的神韵，女性在酒吧中看起来比平时更漂亮，也更容易令男性心动。并且，由于酒吧座椅之间的距离都比较近，双方相距70～80厘米，进入了彼此的私人空间，因而拉近了两人的心理距离。

在这样美妙的环境中，如果男士能把握好时机说一些“甜言蜜语”，准能俘获女士的芳心。不过，很多心术不正的男性也深谙此道，因而在高级宾馆的酒吧为女性设下“爱情的陷阱”。对此，期待爱情的女性朋友一定要提高警惕。

我追你是告诉你：你快来追我

知名作家张小娴曾说：“女人的追求其实只是用行动告诉这个男人，请你追求我！意思是拉开架势，垂下鱼线，愿者上钩而已。”

你遇见了白马王子，爱情的火苗在心中滋长，你能感觉到他心中的化学变化，但是他却从不约你出去，只是一味地在爱情边缘暧昧。很多时候，有些男人在执行工作时很果决，但碰上男女之事，就会变成一块大木头，瞬间退化成情窦初开的小男生。他们往往容易忽视女人的爱情暗示及自己内心的细微变化。

这种时候，如果只是一味地等待，就可能错失这段爱情。不妨耍点儿小心计，不动声色地推他一把，让他掉入你的爱情之囊。

张青喜欢上了她的一位客户。有一回见面本来是约好10点，但是客户临时有事推迟了一个小时，他们谈完已经到了午饭时间。客户说，不如我请你吃饭赔罪吧。张青压抑着怦怦乱跳的心，假装为难地考虑了一下，说：“对不起，我发个短信，本来和朋友约好一起吃饭的。”然后她就对着手机乱按了一气，过了一会儿才对客户的邀请表示同意。

张青当然要回请他。他们开始了非工作的交往，第二次一起吃完饭后，他们的相处随意了许多。3天后，张青买了条领带送给他，谢谢他对她工作的支持。再3天后，张青以自己生日为名请他出来吃饭。一个星期主动约了人家3次，这已经不是一个寻常的数字。如果他有意，该明白张青的心；如果无意，那么再努力也没有用。于是张青开始收手。

果然不出所料，一周后，对方终于约了她。见面的第一句话是，你好像突然失踪了，我很不习惯。瞧，她成功了！

在这场爱情的暗示中，张青正是不动声色地耍了一点儿小心计：适当矜持，却又主动出击，见好就收，这才激起了对方的兴趣，为自己赢得了交往下去的机会。虽然有情，却在对方要求一起吃饭时适当矜持，并假装推掉别人的饭局。这个小花招有两点暗示：有很多人想跟我一起吃饭，我人缘不错；我推掉了别人，说明我重视你。一星期约人家3次，真可算“死缠烂打”。不过只要找到合情合理的理由，并在约会时保持矜持与可爱，让他觉得：这是个可爱的女人，对我也有好感，我是不是应该追求她？主动几次后见好就收，无论如何他都会想：人家女孩子主动几次了，于公于私、于情于理，我都应该主动一下。

重要的是，你得让男人觉得是他在追你。想想看，如果他不费吹灰之力就能约你吃晚餐，约会的挑战性就不高。男人通常会期待这个过程，所以你需要掌握这种若即若离的距离。

让他开口约你，其实很简单，比如你可以装作不小心，寄错了一封E-mail给你的暗恋对象，内容是有关自己周末的好玩行程。当他满心疑惑地回信，你可以马上顺水推舟地说：“啊！我寄错了……但你想不想一起来参加？”你可以自然地加入他的生活，顺利地划入他的心河。

婚恋法则

喜欢他，就给自己制造一个机会

恋爱是缘分，同样也是一种机遇，而这种机遇是可以用心创造的。接下来我们就看看，创造机会有哪些方式。

1. 间接法约男生

你可以计划和两三个单身朋友一块儿郊游，并对你心仪的那个男孩说：“这个星期天，我们要去摘橘子，想一起去吗？反正你也没事，顺便再找几个朋友来玩玩吧！野餐我们会处理，其他一切费用自付。”像这种令人放心的良好条件，一般周末赋闲在家的男孩都会参加。

2. 抓住瞬间的机会让他注意你

当你和心仪的异性擦肩而过时，最好停下来，因为那种毫无准备的瞬间见面才是两人擦出火花的最佳时机。所以，你应该有这样的思想准备，随时准备利用这种瞬间的机会引起对方的注意。

3. 尽量制造两人单独相处的机会

譬如买了两张电影票，就可以对他说：“我这儿有两张电影票，不知道你晚上是否有空？”如果他拒绝你，你尽可以将这两张电影票转卖，减少损失，或是先请好对方，再来买票。还有，如果你手边正好有两张远游的招待券，你就问他是否能陪伴你前往。借着这种方法，你就可以大大方方地和他去约会。

4. 寄贺卡表达你的“诚意”

一张简洁的贺年卡，相信无论是寄卡人，还是收卡人，都不会显得过于正式和尴尬，而且收卡人会对寄卡人留有好印象，认为“她还不错嘛！还会寄贺年卡给我”。如果你是从旅行的地方寄旅游明信片，他也会将你的心意埋藏在心底。在未彻底了解他内心想法的时候，不要写过多内容，慢慢等一段时间。

另外，如果知道他的生日，不妨给他寄张生日卡，表示你对他的关心，借着这种生日卡，也可以暗示你的心意。尽量找些借口，写些简单的明信卡、贺年卡给他，这样以后见了面，他也会和你打招呼交谈。

5. 利用探病的机会表示你的“关心”

假如他身体不适，必须休息或者住院的话，你可以利用好这次机会，表达自己的关心，时常询问身体状况，会烹饪的也可以适当展示一下这方面的才华。

6. 创造“偶然”

如果你知道他经常去哪些商店买唱片、买书，那就更方便了。你可以先查查看他有哪些兴趣和嗜好，然后就装作和他兴趣相仿的样子，经常去他所进出的商店，那么你的机会相形之下就更多了。单是一次、两次地进出他喜爱的场所是无法奏效的，你必须持之以恒地去他常去的地方，偶尔你也可以买些东西，表示你是这家店的常客，如此，机会一定会来。

真爱也许会从天而降，但是如果你故作矜持不去伸手接住，也许你的真爱就会落入他人手中，所以，当真爱从天而降时，不妨实践上面提到的方法抓住真爱，成就自己的爱情童话。

“老草吃嫩牛”的恋爱组合

西方媒体曾有这样一个观点：“每一个自信的女人都需要一个小跟班！”注意，这里说的是女人而不是女孩，是“小跟班”，而不是精英男人。

“小跟班”这个称呼，充满了暧昧，但谁都不能不承认，当我们说出这个词的时候，脑海中闪现的很可能是一张青春唯美、略带羞涩的干净笑脸，他可能是《情书》中的少年藤井树、《豪杰春香》中活泼捣蛋的李梦龙、《甜蜜蜜》中叛逆却又体贴的雷子……成熟的女人，很容易在他清澈的目光里沦陷。

“老草”代表人物之一——轻熟女，介于熟女和生涩女之间的一类女性，她们有着更加细腻的心理状态，对待感情和两性关系，既成熟稳重又充满了青春幻想。她们有一定的经济基础，不依靠男人也能很好地生存下去；她们有一定的职业规划，做什么事情都显得很有条理，即使是对待两性关系，她们也希望能够遵循一定的规则，而不是单纯“女人依靠男人，女人成为男人的附庸”。这类女人，不需要钻石来度量爱情，而是希望真正地实现心与心的对接，是真正渴望爱情能够摆脱世俗的一群人。

“嫩牛”典型形象——幼齿男，刚好能够带给轻熟女这种爱情美感。这个充满了物质欲望的都市常常让人觉得厌倦，只有人与人之间冷漠而又残酷的竞争，却看不到绝世的深情，这完全不符合轻熟女对爱情的想象。而幼齿男对待爱情的干净和纯粹，能让轻熟女不知不觉放下戒备心理，走进温馨而又甜蜜的情感世界。幼齿男同时也能带给轻熟女一种荣誉感。他可能像孩子一样，在我们的期待中逐渐地成长和成熟起来。从孩子般清澈的目光到一个被人仰慕的男人的审视，幼齿男的蜕变过程能让轻熟女变得骄傲和自豪，而这种心理上的满足，完全不是鲜花和钻石的虚荣能够填补的。

轻熟女和幼齿男的恋爱，是都市里新鲜的“老草吃嫩牛”的恋爱组合。

这样的恋情既让人沉醉，又有一种冒险感！因为幼齿男的青涩，难免会有一些任性、调皮和叛逆，他们可能很容易受到身边朋友的影响，而跟轻熟女时常处于依赖和被依赖的关系。这时，对于掌控恋爱主导权的“大姐姐”来说，就是一种挑战了。那么轻熟女应该怎样去应对这样的局面，将艰难的爱情变成一块福田呢?

最好的答案可能就是：要像姐姐一样去引导他们!

既然年纪上不占优势，那么那些专属于小女孩的任性和胡闹自然应该远离她们。“姐姐恋人”要做的就是展现姐姐般的干练、智慧和温暖，要展现的是一股“熟苹果般深厚的香味”，而不是鲜花肤浅的流香。要在男人疲惫的时候张开温暖的怀抱，用姐姐般的善解人意来缓解他的压力和抑郁。虽然女人外表柔弱，但那骨子里却带着几分韧劲，随着阅历的加深，这种坚强会越来越明显，也因此会变得对男人更有包容力和理解力。

为什么这种“姐弟恋”会逐渐流行呢?

从女性的角度来说，“关怀强迫症”易于发生“姐弟恋”。“关怀强迫症”原意是交互依赖，这里指“依赖别人对自己的依赖”，即总是自觉不自觉地不断向别人提供关怀和帮助，从对他人的这种关怀和帮助中，得到满足和自我认同，享受由此产生的道德优越感，否则就会有强烈的自责和痛苦。当女人在心理上出现这种倾向时，她们就很容易转嫁这种关怀给比自己小的男人。

而从男性的角度来看，成熟的女人是心灵的捕手，理性但不冲动，会疼人，也更懂得含蓄。所以，成熟的女人更容易成为男人的红粉知己，知冷知热，懂得把握分寸。给关怀，但不给借口；给感动，但不会让男人变得冲动。小美眉掌握不好火候，自己本身就是易燃物，遇上的男人如果同样是氧化物，那么两个人之间的爱情就会变得很危险。

轻熟女能够在事业上给予小男人帮助，她们懂得拿捏人与人之间的关系，对工作和人生有着独到的见解。小男人在遇到迷茫的时候求教，轻熟女会不自觉地拿出耐心来指导，这种被人需要的满足感，就如同母爱的无私。但是轻熟女并不会对小男人过于宠溺，她们懂得将三分爱留给自己，将七分爱留给男人。这样不但不会让小男人有过多的压力，同时也是一种力量的积攒——即便那七分爱被男人全部挥霍了，自己还保留着三分热度。

从心理的角度来看“姐弟恋”，女性作为主体，可能是“母性”在起关键作用，表现为对他人的关爱，这是有生物学基础的。女性在新生命的孕育和哺乳过程中，把这种特征延伸到生活中，成为“姐弟恋”的心理学基础。恋爱的形式各种各样，如今也不再是大男人当道的时代了，“大女人”“小男人”的恋情带着一阵酸甜的柠檬味，晕染着都市的霓虹！

婚恋法则

错误的择偶心理

不同人有不同的婚姻观和择偶心理，常见的择偶心理有以下几种。

类型一：追求外表美的择偶心理

现在很多年轻人，找对象时希望对方漂亮点、英俊些。爱美之心人皆有之，但一味追求外表，则会进入择偶误区。因为仅靠外表维系的爱情，往往是短暂和肤浅的——当岁月使容颜衰老时，爱情拿什么来继续呢？

相对于漂亮的外表，一个人的品行、才干和经济基础应该是更重要的择偶条件。

类型二：物质至上的择偶心理

现在很多人不是把婚姻建立在爱情的基础上，而是把婚姻当作一种交易，把自己的幸福和命运寄托在对方的金钱和地位上，对方的经济状况是他们择偶的首要考虑因素。

在现代社会，拜金主义流行，这种择偶心理自然比较普遍。产生这种心理的原因除了追求物质享受、满足虚荣心外，还与一些人，特别是女性的依赖心理、从众心理有关。但是，他们忘了，建立在物质、金钱基础上的爱情与婚姻，物欲会淹没感情的温馨。当失去金钱的时候，这种关系将难以维系。所以，有这种择偶心理的人一定要反思。

类型三：追求完美的择偶心理

择偶时要求对方完美无缺，既要形象佳，又要素质良好；既要本人条件优越，又要家庭情况满意。年轻人选择对象时，往往事先定一系列条条框框，只要有一两点不符合，哪怕其他方面都中意，都不在考虑范围之内。

这种追求尽善尽美的择偶标准从理论上讲是好的，但现实生活中实难找到如此完美的个体，所以容易产生动机挫折，造成婚恋困难。许多大龄未婚青年，特别是女青年，因一味追求理想模式而贻误了终身大事。

类型四：追求精神满足的择偶心理

择偶时有人对内在素质要求较高，注重对方的事业心、思想品德、学识才干、气质性格等。较多的年轻人，特别是文化素质较高、知识修养较好的青年男女的择偶心理属此型。他们重才不重财，重德不重貌，追求彼此心灵上的沟通和感情上的融合。自认为这样的爱情才靠得住，因为高尚的人品、良好的素质是维系持久而真挚的爱情和婚姻的重要基础。但是，一味地追求精神满足而忽视物质基础，可能造成后期生活坎坷。

类型五：游戏择偶心理

有一部分人朝三暮四、寻花问柳，以爱情为掩护去玩弄他人感情，以伤害别人为乐趣。这种人的人生观、恋爱观是无耻的，伤害了别人的同时也浪费了自己的青春。

男女的择偶心理多种多样，以上所述不过是几种基本类型。现实生活中，典型单一的择偶心理毕竟很少，大多呈复合可变型，表现为多种心理状态交织，但以某种心理倾向为主。无论持什么样的择偶心理，都要牢记这样的格言：以利交者，利尽则散；以色交者，色衰则疏；以心交者，方能永恒。

来来来，告诉你好男人在哪儿

韩剧《我叫金三顺》中，金三顺曾这样感叹自己的爱情：“30岁的女人在街上遇到恋人的可能性比在街上遇到原子弹的概率还小。”可是，这样一个“大隐隐于市”的平凡胖女人，却遇到了英俊的振轩王子，赢得了美丽的爱情。

而剧中的张领班却只能和一众女同事借酒浇愁，分析她们找不到白马王子的理由：

好男人都长得丑!

帅男人大都人不好！

又帅又好的男人都结婚了！

又帅又好又没有结婚的男人没能力！

又帅又好又没有结婚又有钱的男人对我们没兴趣！

又帅又好又没有结婚又有钱又对我们感兴趣的男人都是花花公子！

又帅又好又没有结婚又有钱又对我们感兴趣还不花心的男人已经有“男朋友”了！

在现实生活中，有些女人的时间被事业占据，鲜有寻觅伴侣的时间，故而许多女人都在哀叹：“单身男人都到哪里去了？”又或者是抱怨：“我的工作性质不容易碰到男人。”其实，主要是没有选对场所。那么，哪些场合才是优质男的出没地呢？

1. “红娘”饭局

相信许多单身女人都有过这样的经历：朋友为撮合你和某某而故意安排一场饭局，这就是“红娘饭局”。朋友的朋友——这是大多数人遇到他们终身伴侣的方式。如果你只是单方面对他有好感，但是没怎么跟他说过话，不要不好意思，马上让你的朋友帮你安排一次见面。

2. 婚礼

婚礼也是一个绝佳场所，许多女人就是在此处偶遇了自己的那个他。在这样一个甜蜜温馨的场合，你能很容易找到中间人帮你介绍，这大大提高了爱情成功率。

但是也要注意，当婚礼结束，从弥散着荷尔蒙的地方回到一个人的住处，需要慢慢冷静，思考自己的选择会不会后悔？选择那个人是因为爱上了那个人，还是因为爱上了那种爱情的氛围？激情是爱的必需品，但一旦错解为冲动，就可能给自己带来不必要的麻烦和误会。

3. 家庭聚会

在生活中，总会有那么一些婚姻幸福的家庭喜欢组织家庭聚会，他们热衷于把这种快乐和幸福的感觉带给朋友，他们喜欢撮合身边那些条件不错却单身的好友。女人在这种场合认识情投意合的优质男的可能性极高。

在家庭聚会这样温馨的环境中，主人给予的刺激就像一双无形的手推着两个人走向同一个目标。在家庭聚会上认识男友还有一个好处，就是如果两人争吵或者发生误会，可以有一个中间人来帮忙沟通和疏导，消除误会，劝解和好。

但是在家庭聚会上结识的男士，一旦相处一段时间后，两个人觉得不太合适要分开，很可能让介绍人觉得尴尬。甚至在以后的聚会上，会有一方为了避开对方而缺席，这样就会使得从前百无禁忌、融洽和谐的朋友关系被打破，造成一些遗憾。

4. 老同学聚会

多年以后，当你参加同学聚会时，突然发现原来班上毫不起眼的某人，突然变成新时代的单身优质男。你可以从回忆开始，渐渐向他的心靠近。幸福兜兜转转，转了一个圈，又回到了原点。

5. 高级写字楼

在拎着手提电脑，身着高级西装，行色匆匆地出没于高级写字楼的白领中，有一些是不容错过的优质男。这些男人，大多事业成功，精神世界丰富，性格稳重又不失活跃。

但是这样的男人需要给予适当的空间。而且，他的高收入也是用高度紧张的工作强度换来的，你需要考虑他加班的情况，接受他因为压力太大而发脾气，接受他的烦躁和抱怨。一个能够包容和接纳他的温柔女子更能俘获他的心。

6. 健身房

如果你热衷于运动健身，多注意出没健身房的男人，或许一不小心就遇到了你的白马王子。当你锁定心仪的优质男，就可以借运动之名接触他，逐步建立亲密关系。

但是，在健身房应该警惕那些专门“钓”女孩子的人，不要被“男色”迷了心窍，赔了金钱和时间。

7. 文化场所

女人希望心仪的那个他是自己的“灵魂伴侣”，能和自己心灵契合，言谈默契。要寻找到这样的优质男，女人应该多去剧院、歌舞剧院、音乐厅等文化场所，在熏陶文化气质的同时，又能提高结识灵魂伴侣的概率，何乐而不为？

首先，这些地方的消费不算低，出现在这些场合的男士愿意在精神上投资，重视思想更新和沟通；其次，看同一主题的展览，或是看同一风格的演出，至少可以说明在审美趣味和鉴赏水平上，两个人志同道合，这样也有更多的话题能够深入探讨。

但在这些场合需要注意的是，很可能有些人只是为了附庸风雅或卖弄学识才在这些场合流连。要分辨一个人是真有文化还是装有文化，少不了的就是自己肚子里有几两墨水。

8. 高等学府

在一些高等学府里，积聚了大批的优质男，他们都有优秀的学识才干，才能踏进这些荣耀之门。他的身上闪耀着高学历、心思纯、人脉通、身份显等优点，这都是优秀的潜力股的象征。

（1）心思纯。学生和社会打交道的机会毕竟不多，也不太经历社会上钩心斗角、追名逐利的一面，他们对人心还怀着良善的看法，自己也能够心无城府地对待他人。

（2）人脉通。这个人脉不是指已有的社会关系，而是指学校的同学，可能若干年之后，老同学关系或许有所助益。

（3）身份显。在国外，有许多大学是身份的象征，一旦进入，就代表着进入了一个阶层或者联盟。比如美国的常春藤大学联盟，它的学费昂贵，入学标准也十分严格，录取的学生不但品学兼优，而且他们的能力和特长会受到特别重视。

如果有在名牌大学进修或者参观的机会，不要错过搜寻自习室里、球场上、小礼堂中的好男儿。在名牌大学寻找好男人，是一场对潜力股的投资，全凭你的眼力、耐心和调教。

好紧张，要约会了

社交吸引是指社会交往中个体或群体之间互相接纳和喜欢的现象，通常表现为心理距离的缩短。也正是这么一个流程，给彼此一个互相认识和了解的机会，提供一个彼此发展恋爱关系的平台。缘分这种虚无缥缈的东西，只有在你自己看到了身边幸福的时候，它才显出影子来。而机遇是要靠自己去把握的，人们常说，魔鬼藏于细节中，缘分也是青睐那些注重细节的人。

约会时，女方需要注意哪些细节呢？

1. 礼仪

异性之间，初次见面，点头加微笑的问候是比较适合的。女孩子不要主动去和对方握手，一是显得不矜持，二是显得过于正式；当然，当对方伸出手来时，你也不要拒绝，大大方方地接受。

2. 穿着

选择适合自己形象，穿上也得体的服装。整洁是最重要的，风格上最好选择休闲装。不要过度隆重，也不要在服饰的细节上给人留下邋遢可笑的坏印象。

3. 装扮

过度化妆不一定好，比如过长的假睫毛、长而尖的红指甲、浓而重的艳丽眼影，通常都只会给女孩减分。但是，如果你不是天生丽质那类女孩，素面朝天也是一种失败的装扮。你可以选择薄薄的粉底、若有若无的口红、浅粉的指甲油等，这些可以令女孩显得更加柔美。

4. 言谈

不要喋喋不休，这会显得嘴太碎。交谈不是发表演说，不能搞成只顾表达自己意愿的单方面倾诉。在交谈中，适当说话，也要懂得倾听对方，这也是一种了解对方的方法；同时，也不要沉默寡言，交流从来就是双方的事情，如果你一味地等着对方说话而不主动开口，会令对方无所适从，当他找不到话题的时候，会很尴尬。

5. 心理

心理方面也是个比较重要的问题，可以适当注意以下两点。

首先，不要掩饰自己。有些女孩喜欢把自己真实的性格隐藏起来，不想让对方看透自己，觉得对方发现自己的弱点很糟糕，可是，这样做的结果是你束缚了自己，无法畅所欲言、自由表现。把自己真实的性格展现给对方，真实有时也是一种特殊的吸引力，比矫揉造作好得多。

其次，即使是好朋友之间也会有矛盾和彼此讨厌的地方，初次见面的两个人更是如此，所以，周到的礼节是必需和应该的，但也不要奢求自己能百分之百地被人接受和喜欢。别人如何评价你是别人的事情，你只要把自己的人品和能力全部调动起来，尽量表达自己的诚意就可以了，不要过分在乎别人的看法。

婚恋法则

约会地点TOP7

认识了自己心爱的人之后，约会地点的选择却又成了一大难题。是选择清幽雅静的公园，还是情调十足的餐厅，或是刺激多多的游乐园……有些人为了选择一个合适的约会地点左右为难，想得头都大了。此时，不妨多听听一些“过来人”的意见，让他们告诉你哪些是营造甜蜜爱情的绝佳地点。

1. 情调十足的餐厅

初次约会是浪漫的，为了匹配这次浪漫的约会，你可以选择一个情调十足的餐厅，挑一个临窗的位置，避开大众眼光，给彼此一个更利于交谈的空间。选择什么样的餐厅，也向对方展示了你的生活品位。但选择餐厅时不能光顾着情调，也要考虑为情调付出的经济代价，量力而行。

2. 麦当劳等快餐店

曾有网友说：“现在我一看见在麦当劳门口的成对男女，我就以为是相亲的。”确实，现在许多人都把第一约会地点选在麦当劳这样的快餐店，轻松随意的气氛能消除彼此的紧张感，促进双方的交流，也不存在太大的经济压力。

3. 清幽雅静的公园

平日里成天忙着工作，身心都陷入疲惫之中，到了周末，正好去接触一下大自然，找一个公园去看看花草，两个人沿着公园里蜿蜒的小路漫步，聊着一些随意的话题，很自然地增进了彼此的感情。所以说，公园也是一个理想的约会地点。

4. 电影院

电影院上映大片，不妨约对方同去欣赏。影片最好是选择浪漫的爱情片，隐含地表达出你的爱意，也考察了对方对你们关系的态度。

5. 刺激多多的游乐场

游乐场容易使人处于兴奋状态，适合制造一种坦率而开放的氛围，聊天的主题自然会多起来，身体也会自然地靠近起来。但也要看看对方的意思，不要表现得过度了，否则很可能弄巧成拙，令对方认为你太过开放，起先对你的好感荡然无存。

6. 运动场所

如果你们都非常爱运动，那么运动场所也是比较理想的约会场所，比如体育馆、保龄球馆、网球场等，最好是挑一样双方都喜欢且擅长的运动，一来能充分体现你的长项，让对方感受到你健康而青春的身材；二来，体会着共同的爱好也是一件很快乐的事。只要两人都玩得开心，很容易让感情走向完美的结局。

7. 一起散散步

在晚饭后，你们一起沿着宁静的小道散步，聊着白天发生的一些有趣事情，夜的深邃和宁静让你们彼此的心贴得更近了，或许不知不觉中，对方就这样牵起了你的手。

以上是一些常见的约会场所，具体选择的时候因人而异。如果你是个好静的女孩，而对方又是个书生气比较重的男孩，那么博物馆是个再理想不过的约会场合了。两人可谈的话题也会有很多，可以进一步拉近彼此的距离。如果你和他都是好动活泼的人，可以选择演唱会那样活跃的场所，尽情释放你们的热情魅力，爱情的火花就是这样碰撞出来的。

第四章
相处——他可以让你安全地成为孩子

爱情与频率成正比，与距离成反比

相互了解有助于增加好感，这叫作“熟知性法则”。即使我们对对方完全不感兴趣，但如果对方在自己的私人空间中存在很长时间，我们也会渐渐对其产生好感。

心理学家曾经做过这样一个实验：在一所中学选取了一个班的学生作为实验对象。他在黑板上不起眼的角落里写下了一些奇怪的英文单词。这个班的学生每天到校时，都会瞥见那些写在黑板角落里的奇怪的英文单词。这些单词显然不是即将要学的课文中的一部分，但它们已作为班级背景的不显眼的一部分被接受了。

班上学生没发现这些单词以一种有条理的方式改变着——一些单词只出现过一次，而一些却出现了25次之多。期末时，这个班上的学生接到一份问卷，要求对一个单词表的满意度进行评估，列在表中的是曾出现在黑板角落里的所有单词。

统计结果表明：一个单词在黑板上出现得越频繁，它的满意率就越高。

实验表明，某个事物呈现的次数越多，人们越可能喜欢它。在恋爱中也是如此。如果你追求一个人，随着交往次数的增加，对方可能会渐渐对你产生好感。这种心理效应，可谓恋爱的“王道”。

美国心理学家博萨德曾经对5000对已经订婚的情侣进行调查，结果发现其中两地分居的情侣最终结婚的比例很低。可以说，距离是爱情的头号敌人。如果一对恋人距离较远，又不能经常见面，彼此的感情就会逐渐变淡。男女间的物理距离太大也可以导致心理距离的疏远。心理学上称之为“博萨德法则”，我们称其为“爱情与距离成反比法则”。

宝贝，我想聊聊自己

如果一方敞开心扉，向对方说了很重要的事情，可能会收到意料之外的效果。比如，刚开始谈恋爱的两个人，感情突然加深了。随意聊天的男女，也许会在某个瞬间坠入爱河。

向对方倾诉从未向其他任何人说起过的秘密时，叫作“自我告白”。不论说的人还是听的人，都会增加对对方的亲密感。而且，因为对方信任自己，说了他的秘密，一般情况下，自己也要把秘密告诉他，这就是“自我告白的回报性”。而这样一来，更容易加深相互的信赖和好感。

有调查结果显示，女性更善于使用自我告白的方法来构筑良好的人际关系，而男性则很少对别人进行自我告白。

心理学上还有一种说法叫作“自我呈现”，是指意识到别人在注意自己，然后有意识地去做对方期待的行为、说对方期待的话。这是一种有意识地塑造自我的行为。

1986年，日本的中村教授进行了一项试验，以自我呈现的形式向参加试验的人说自夸的话和谦虚的话，然后看这些人更喜欢哪一种。他事先准备了一些台词，以谦虚的话为基础，在其中加入自夸的话，只不过自夸的话所占的比例有所变化。结果表明，当自夸的话占60%的时候，是最受人欢迎的。也就是说，自夸的话太多，或者太过谦虚，都是不好的。

与人交往时，我们常可见两类人。一类是善于言谈的，这些人可以饶有兴趣地与你谈论国际时事、体育新闻、家长里短，可是从来不会表明自己的态度。而你一旦将话题引入略带私密性的问题时，他就会插科打诨，或是一语带过。对于这样的人，人们往往多有戒备心理，常常被认为是泛泛之交，不会深入交往。另一类是不善言辞之人，虽然他们不太爱讲话，却总希望能向对方袒露心声，这样的人反而很快能和别人拉近距离，而对于此类人，人们也往往愿意和他深交。

为什么会出现这样的结果呢？

人之相识，贵在相知；人之相知，贵在知心。要想与别人成为知心朋友，就必须向对方袒露自己，即表露自己的真实感情和真实想法，向别人讲心里话，坦率地表白自己，陈述自己，推销自己。

小林是同宿舍中最擅长交际的一个，并且人长得也漂亮。但在同班甚至同宿舍的其他女人都找到了自己的男朋友时，漂亮且擅长交际的小林仍是独自一人。

为什么呢？她身边的同学都表示，她太神秘，都不太了解她。原来，小林一直对自己的私生活讳莫如深，也从不和别人谈论自己，每当别人问起时，她就把话题岔开。

在生活中，我们也常会发现有的女人外表看起来不是很擅长社交，但知心朋友却比较多，而有的人，虽然很擅长社交，甚至在交际场中如鱼得水，但是他们却少有知心朋友。这是为什么呢？如果你仔细观察，会发现第一类人一般都有一个特点，就是为人真诚，渴望情感沟通。他们说的话也许不多，但都是真诚的。他们有困难的时候，不知怎么总是有人来帮助他们，而且很慷慨。而第二类人习惯于说场面话，做表面工作，交的朋友又多又快，感情却都不是很深。因为他们虽然说了很多话，但是却很少暴露自己的感情。其实，谁都不傻，都能直觉地感到对方对自己是出于需要，还是出于情感而来往。

也许，你也有过这样的感受：当自己处于明处，对方处于暗处，自己表露情感，对方却讳莫如深，不和你交心时，你会感到不舒服，对这个人也不会产生亲切感和信赖感。而当一个人向你表白内心深处的感受时，你会觉得这个人对自己很信赖，而你也无形中会和他一下子拉近了距离。

一个人应该至少让一个重要的人知道和了解真实的自我。这样的人在心理上是健康的，也是实现自我价值所必需的。一个从不自我暴露的人，很难与他人建立起密切的关系，而一个总是向别人谈论自己的人，也不会赢得友谊，甚至会招人厌烦。就像鲁迅小说中的祥林嫂那样总是喋喋不休地谈论自己的事情的人，刚开始可能会得到别人的认可，但时间长了就会遭到人们的厌烦。所以，在向别人袒露自己时要恰到好处，不可过多，也不能过少。

心理学家认为，理想的自我暴露是对少数亲密朋友进行较多的自我暴露，而对一般朋友和其他人进行中等程度的暴露。而且，你也不一定要说你的秘密，在不太了解的人面前，可以交流生活中一些并不私密的情感，既给人亲近之感，又不会让自己处于不安全的境地。

当人们与自我暴露水平较高的个体交往时，更有可能进行较多的自我暴露。人们常常会回报或模仿他人所欣赏的自我暴露。如与朋友聊天时，朋友讲出心底秘密的同时，我们也愿意做出同等的回报。

自我暴露与喜欢紧密相连。人们喜欢那些与自己有相同自我暴露水平的人。如果某人的自我暴露比我们暴露自己时更为亲密详细，我们会害怕过早地进入亲密领域，从而产生焦虑。

遇到自己喜欢的人，不妨向对方适当地袒露一下自己的内心，吐露一下秘密，这样很可能会一下子赢得对方的心，赢得美妙的爱情。

男人的“妈妈综合征”

在心理分析领域，有一个词语叫作“妈妈综合征”，即很多时候，男人把女人看成“妈妈”。当然，“妈妈”不是真正生他养他的母亲，而是与他有着恋爱关系，或曾有过恋爱关系的女人，以及他梦寐以求的任何女人。

事实上，男人对一个可爱、乖巧女孩的真诚之爱，更像他对母亲的情感。因为，两者都不会跟他进行心理较量，总能够满足他的各种愿望，从一开始，就对他予以任何默许。所以，我们有时会听到男人说：“她真可爱，但我对她不‘来电’。”

有人说，每个男人都在找寻自己母亲那样的女性。当然，这是一个美好的愿望，但这并不意味着你要无止境地迁就他。有些行为会让男人感到窒息，使他感觉自己好像在面对母亲一样，这往往会让他厌烦，他会像一个叛逆的孩子一样，同你保持距离。因此，你应当禁用下列8种带有母爱色彩的方式与男人交往。

（1）不要盘查他，即不要常常让他向你汇报。

（2）不要总是逼问他，不要说“你有多长时间没跟我在一起了”之类的话。

（3）在你没有事先要求的情况下，不要指望他把全部空闲时间都拿来与你共度。

（4）不要过分卿卿我我，否则，他就没有足够的空间来欣赏你。

（5）不要表现出你正在监视他。比如，他在放下电话之后，你马上就询问是谁来的电话，或是在他打电话时插话。这种举动，与他围着围裙的妈妈没什么区别。

（6）不要让男人感到，他日常做的每一件事似乎都要得到你的许可。当你把他看得太紧的时候，就会让他感到窒息。不要让他觉得自己生活在显微镜下，否则，他会觉得失去自由，很快就会想逃跑。

（7）不要说“把你的衬衫塞进去”“去洗洗手”“去梳梳头”之类的话。即使他连续3顿饭都没吃，你也不要强迫他去吃，不要代替他的手和脚——除非他得了感冒（如果他只是轻微流鼻涕，你就不要小题大做）。

（8）不要把周末的时间都安排得满满的，否则，他还得为钓鱼而向你请假。让他去钓会儿鱼吧！不然他就会开始失约。为什么会这样呢？他就像一个十几岁的孩子，因为被“妈妈”实施了“宵禁”而变得非常叛逆。

如果你把你们在一起视为他必须做的事情，那么，你就等于是把某些原本很愉悦的事情变得索然无味。即使你是好意，但你的生拉硬拽会把本是互惠的要求变成让他望而却步的事情。

无论何时，只要你让他感到自己必须见你，他就会觉得这简直就像工作。只有当他感到见你不是自己必须履行的义务时，他才会心驰神往。

总之，对于男人而言，你应该更像一个情人，而不是像他的老妈，这样他会更加珍惜你。

男人是爱情中的“战斗机”

男人爱女人的过程是：爱——怕——烦——离开。女人爱男人的步骤是：无所谓——喜欢——爱——真情难收。当男人很爱女人时，女人可能还没有爱上男人；当女人逐渐地喜欢并爱上这个男人时，也许正是男人厌烦了女人准备开溜之际。这就是很多女孩爱得越深，越容易失恋的根源。有些人的爱是把天鹅逐渐变成癞蛤蟆的过程，而有些人的爱则是把青蛙逐渐变成王子的过程，一般容易受到伤害的是爱得无法自拔、把爱人当成整个世界的人。

许多男人喜欢追逐的快感，习惯激烈的竞争。他们喜欢竞技，喜欢战斗，喜欢狩猎。他们喜欢锁定目标，然后想方设法去实现目标。男人沉湎于猫捉老鼠的游戏，这会让他们热血沸腾，兴奋不已。这是两性之间的差异。多数女性通常追求一种稳定静止的情爱方式，男性则不然，他们喜欢变化运动的爱情游戏，追求新鲜的刺激是他们乐此不疲的最大动力。

美国影片《偷心》里有一个情节，女主角娜塔莉·波特曼问男主角裘德·洛，为什么会那么疯狂地爱着那个摄影师。“是因为她成功了吗？”裘德·洛回答：“不，是因为她不需要我。”由此可见，得不到的女人让人心存幻想。你越高高在上，他越顶礼膜拜。你越不冷不热，他越知难而上。

曾经一度火爆的港剧《金枝欲孽》中的尔淳就是一个懂得男人心的聪明女人，她认为，讨好男人最笨的办法就是百依百顺，那样的话男人很快就会索然无味。聪明的办法则是若即若离，让他可望而不可即，最厉害的一招则是始终让他求之不得。所谓若即若离也好，求之不得也罢，其实就是在男人面前摆“迷魂阵”，保持一定的神秘感，不让他一下子看透你。每当皇上主动接近她一次，她就欲擒故纵一番，在钩心斗角、争风吃醋的皇宫内院，万千佳丽争先恐后投怀送抱，她却反其道而行之，欲说还休，欲拒还迎。结果皇上的胃口被吊得老高，神不知鬼不觉地就被这个颇有心计的小丫头给灌了“迷魂汤”。

聪明女人从来不会让对方感到自己已完全被他驯服，她们擅长和男人玩猫和老鼠的游戏。但是，到底谁是猫，谁是老鼠，我们就不得而知了。

恋爱时，男女的秘密

由于生理特征、认知方式等的不同，男女是存在心理差异的，了解这些差异的女人能够在恋爱中与自己心爱的人建立更加稳固的恋情。下面让我们一起来看看恋爱中男女心理差异的具体表现。

1. 男性比女性更容易一见钟情

人们之间的了解，总是从相识开始。爱情萌生于好感，而好感离不开初见。有的初见没有什么，但是日久生情；而有的只要见上一面，就会顿生情愫。通常情况下，男性更注重女性的外貌，而女性更注重男性的内心世界，选择对象一般比较慎重。因而，男性比女性更易一见钟情。

2. 男性求爱时积极主动，女性则偏爱“爱情马拉松”

恋爱过程中，男性往往比较主动，敢于率先表白自己的爱情，喜欢速战速决，与对方接触不久，就展开大胆的追求，希望在短期内取得成功。而女性则不然，她们喜欢采取迂回、间接的方式，含蓄地表达自己的感情，喜欢将爱情的种子珍藏在心灵深处。

3. 男性在恋爱中的自尊心没有女性强

在恋爱中，男性一般并不过分计较求爱时遭到对方拒绝所带来的尴尬。如果求爱受挫，他们会用精神胜利法来安慰自己以求得心理平衡。而女性则不然，她们在恋爱中极其敏感，自尊心强，并想方设法来满足这种需要。

4. 男性的戒备心理没有女性强

一般来说，男性在恋爱中的戒备心理比女性弱一些。不少男性与女性接触后，几乎没有怀疑对方的心理。女性则不然，她们在恋爱初期显得十分冷静，常常以审视的态度来观察对方是否出自真心实意，考察对方的家庭细节，唯恐上当受骗。所以在恋爱初期，女性往往显得十分谨慎。

5. 女性的情感比男性细腻

在恋爱中，男性往往有些粗心，不能体察女方细微的爱情心理。他顾及大方面，而不注意小细节，发现对方情绪变化，经常百思不得其解，不知所措。

女性的情感很细腻，善于体察对方心理。她们追求爱情的亲密，要求男子的言谈举止都要称心。马马虎虎、粗心大意的男友不经意的一句话、一件事，就常常会搞得她们伤感不已或大发脾气。

6. 在情感表现方面，女性较男性含蓄

男女在恋爱中的情感表现大不相同，即使到了感情白热化的热恋阶段也是如此。

男性一般反应迅速强烈、意志坚定、勇敢大胆、感情洋溢，但情绪不稳定。这种个性特点，使他们对爱的感受容易溢于言表、喜形于色。言行多不深思后果，易冲动，受到刺激时不善于控制自己，如急于用亲吻、拥抱等亲昵形式表达爱。

女性一般沉稳持重、灵活好动、情绪多变、感情充沛而脆弱。体现在恋爱过程中，则是她们感情羞涩而少外露，善于掩饰自己，表达爱慕常感到羞于开口，喜欢用婉转含蓄、暗示的方法而不喜欢过早用动作、行为的亲昵来表达。

7. 失恋后，女性的承受能力较强

失恋对于男女双方来说，多是痛苦的事情。但面对失恋，男性的承受力却低于女性，常常表现得消沉、哀伤，乃至绝望。这是因为男子恋爱中的感情浪漫色彩较重，对失恋缺乏理智的分析和考虑。另外，男子的忍受力较差，在失恋这种重大挫折面前易于消沉、哀伤。女性失恋后自然也非常痛苦、伤感，但她们忍受力比较强，初期宣泄后，逐渐变得情绪稳定。

上述是在恋爱过程中男女之间的心理差异。由于女性较男性的情感更丰富细腻，心理活动更复杂多变，尤其是处在恋爱中的女性，其心理更是让人捉摸不透。恋爱中的女性还存在以下几种特殊心理。

1. 假心假意的“转移”

女性在恋爱时，常常希望自己的男朋友说“亲爱的”“没有你和我在一起，我很寂寞”“我永远离不开你”等甜言蜜语。然而男性很少了解这一点。正因如此，有些女性会有意识地在男朋友面前与其他男性友好、亲热，企图激起男友的醋意，以考验男友的真诚程度，但现实中往往适得其反。因为大多数男性对于女性的这种“移情”会信以为真，从而导致双方结束美好的恋情。

2. 扑朔迷离的“施虐”

有些女性恋爱时有一种施虐意识，如与恋人约会时，会故意姗姗来迟，或有意不赴约，让久等的恋人焦急、烦躁、疑惑、担心，甚至痛苦，备受煎熬，以得到男友为她付出苦楚的快乐。恋爱中，这种轻微的偶尔的“施虐”也是不可缺少的“作料”，但经常、过分的施虐是一种变态心理，是万万不可取的。

3. 莫名其妙的嫉妒

女性对周围的人或事甚为敏感，尤其在恋爱中，她会不断地将自己和他人做比较，脑海里总担心自己的价值得不到对方承认，因此便产生嫉妒，有时会使自己无法得以解脱。嫉妒心理是有害的，它不仅有损他人，也影响自己。

4. 真真假假的否定

女性在恋爱过程中表达自己欲望的方法一般比较含蓄、委婉，有时还会是反向。她说“不”的时候，内心往往是“好而愿意”。例如，约女友去看电影时，男友要去买票，女友说不用，男友就不去了，等女友去买，那么，这场电影肯定看不成。

女性的这一奇特心理，实际上是一种自我保护的计策。当然，有时也是女性真正内心的表示。如果男人比较迟钝，理解不了这些心理，那么，女性不妨放宽自己的心，迁就他一下。

“情感隐私”：有些事不必深究

隐私是指一个人不愿意向他人公开的隐秘经历。隐私权是指只要这种经历不包含损害他人的情节，任何与此经历无关的人包括政府都无权过问，更无权强行公开。尊重隐私权意味着尊重一个人独立的人格，在夫妻之间同样应该有这样一种文明意识和素养。

当然，夫妻间的情况要微妙得多，因为夫妻间最敏感的隐私往往涉及一方与其他异性的关系，而这种关系是否构成对另一方的损害，从而赋予了另一方以过问的权利，这不是很容易判断。有一些情形可以明确地归入应受尊重的隐私范围，如婚前的性爱经历和婚后的异性友谊。这些情形对于现在的婚姻不发生直接影响，因此原则上应当看作当事人的私事。并不是说你一定不能知道，但是如果你的爱人出于考虑不想告诉你，你就不应该强求知道。比较难以确定的是，如果发生了可能直接损害现有婚姻的情形，如一方有了外遇，另一方是否还应该把这当作隐私予以尊重呢？从原则上讲应持否定态度，任何一方都有权知道有关事实，以便作出自己的判断和决定。不过也有例外，如一方的外遇是偶然的和短暂的，并且双方都依然珍视和希望维护现有婚姻，那么，在这种情形下，双方可以商议解决。因此，一个成熟而理智的人，应该学会留点儿秘密给别人，这是对他人的尊重。

在生活中，有些女性认为，相爱的夫妻间必须绝对忠诚，对各自的行为乃至思想都不得有丝毫隐瞒，否则便是亵渎了纯洁的爱和神圣的婚姻。其实这种想法是极不成熟的表现。一个有足够阅历的女人会知道，只有保持距离，尊重对方，尤其是对方的情感隐私，才能白头到老，共度人生。

大勇在上海某大学读书时与英相爱。毕业后，终因地理原因，英割断了他们的爱情线，大勇因此大病一场。

之后，年过30的大勇经亲友介绍，认识了珍，两人匆匆地举行了婚礼。于是，这段过去的恋情成了大勇心里的“情感隐私”。

新婚第二天，大勇准备陪珍回娘家时，邮递员送来了一封信。信是英的一个同学写来的，她告诉大勇：“最近，我见到了英，她现在醒悟到地理因素对于爱情来说是多么微不足道。多年来，她一直思念着你，她发现，你在她心中的地位是谁也不能取代的。这几天她要出差到你所在的城市，可能会直接去找你，希望你们能和好如初……”顿时，大勇的眼睛模糊了，眼前的珍仿佛变成了英。他找了个借口，让珍独自回娘家，全然不顾此举会给他们的新婚带来的伤害。

珍提前从娘家回来，发现大勇酩酊大醉倒在床上，枕边搁着一封信。看了信，珍无声地哭了。去谴责丈夫吗？替他设身处地地想一想，她能理解他的懊悔和痛苦。如果当初他锲而不舍地追求，何至于造成今天的痛楚？而现在，大勇既对这个新家庭负有不可推卸的义务和责任，又对远方的英怀有感情。该诅咒吗？可作为女人，珍更能体谅英的苦楚……珍把信放回原处，替丈夫盖好被子，默默地在他身边坐了很久。

知道了丈夫的“情感隐私”后，珍更加温柔体贴地关心大勇，一直没有当面揭穿大勇的“秘密”。几天后，珍上完夜班回家后不久，英上门来了。珍热情地接待了她，为她备下一桌丰盛的午餐。

饭后，她又借口要去上班离开家，好让这对旧恋人有机会好好谈谈。望着妻子疲倦的面容，大勇深深地感动了。他明白妻子的一片心意。当珍的身影完全消失了的时候，英真诚而又感慨地对勇说：“你有一个很好的妻子！”

不久，英在大勇夫妇俩的热心帮助下，找到了一个如意郎君。珍尊重丈夫的“情感隐私”，不去步步紧逼，而是给丈夫的心灵以距离和空间，这样做不但使他们的夫妻感情没有破裂，而且使大勇进一步认识了她，萌发了对她的真正的爱。这件事让他们的心靠得更近，使他们的家庭关系得以升华。

每个人都有自己的隐私，不要以为他和你同床共枕，就必须把所有的事情都交代得一清二楚。千万不要一味地探究丈夫内心的秘密，否则只会让他反感并远离你。当然，爱侣之间应该有基本的诚实和相当的透明度，但万事都有个限度，苛求绝对诚实反而会酿成不信任的氛围，甚至逼出欺骗和伪善。一种健全的爱情关系的前提是互相尊重，包括尊重对方的隐私。

第五章
平和——亲爱的，我们可以不吵架

我不在乎钱，但我在乎你对钱的态度

很多人都看过一部美国电影——《闻香识女人》，电影讲述了一个失明的男人能够靠闻对方的香水味识别其身高、发色乃至眼睛的颜色。电影中的故事让人着迷，而在现实生活中，正在寻找爱情的女人们不妨借鉴以下几条，看钱识男人，相信一定会让你在爱情中少走不少弯路。

1. 看不起钱的男人

有些男人自视清高，张口闭口都是那套“金钱是万恶之源”的论调。这种男人如果自己本事有限，那么多是自卑的男人，而且十有八九没钱，属于吃不到葡萄说葡萄酸。他们的自卑和虚伪注定了他们这辈子有钱的可能性不大，而这样一个没钱还不上进的自卑男，恐怕他们也没有能力承受你对他的爱吧。

2. 本来没多少钱却装大款的男人

有些女人是虚荣的，然而有些男人比这类女人还虚荣，他们明明只是每月按时领工资的打工族，却喜欢打肿脸充胖子，就算拆东墙补西墙也要在别人面前证明自己的“阔气”，除非女人想做他下一步要拆的那面墙，否则这种虚荣的男人还是离他远一点儿为妙。

3. 不愿意为你花钱的男人

这种男人坚决不能要，在他心中，钱永远比你重要。现代女性越来越独立，恋爱中更是有许多女人推崇AA制，不过，你可以“不用男人养”，但一定要找一个“愿意养你”的男人。某种程度上男人为你花的钱确实和他对你的爱成正比，无论你爱的那个男人有多少钱，要找一个肯为你花钱的男人。

4. 满身名牌、动辄为自己添置奢侈品的男人

也许你认为这种男人一定有钱又优秀。错！也许这种男人兜里有“货”，可是一个真正有品味的男人不会整天把自己打扮得像个圣诞老人。过度重视外表的男人比较自恋，他们重视自己多于关心别人，希望自己的女朋友既不抢自己风头又能给自己长脸，俨然把女朋友也当成了其拥有的众多奢侈品中的一件。如果你不想被当作一件商品，还是不要找这样的男人做恋人。

在中国的传统观念中，恋爱和金钱并不完全对立，只是到了现代，人们的思想有所改变，喜欢把金钱考虑进去，所以金钱的地位日渐上升，直到可以和爱情抗衡。一个男人对待金钱的态度能够映射出他对待感情的态度，所以女人要学会看钱识男人。当爱情和金钱像天平的两个砝码时，你是希望爱情重一点儿还是金钱重一点儿？在选择男人的时候，考虑好这两者的平衡，相信你会找到一份属于你的美好爱情。

别太累，这是一个男人承认脆弱的时代

男人为事业拼搏没有错，但是，一个好男人会在奋斗的同时不忘关怀他的妻子。

自从进入父系社会，男人就开始争当强者，他们力图用金钱、权力来证明自己的价值，并希望引起重视，许多人留给别人的印象总是永不停息的脚步和疲惫不堪的背影。

在社会中，男人和女人有着截然不同的角色模式、行为模式、思维模式和语言模式。每个人都按照自己的性别“规范”运转着，一代又一代地延续。直到今天，男人们在一起多半只是谈论职业、技术、科学、政治、汽车、球赛之类的“无情”话题；而情感交流、心理宣泄、温存爱抚等，都被他们视为“女人才搞的无聊的东西”。于是，当他们胆怯的时候也要伪装坚强，当他们苦闷的时候也会挤出笑脸。

他们的事业或许辉煌灿烂，但内心世界却显得荒凉空寂，于是内外的

差异合力挤压着他们，整个生命都可能过早枯萎——因为他们内心堆积的各类情感无处宣泄，只会让自己不堪重负。一些孤寂无奈的男人也会期盼抚慰，但那不过是寻觅一位“第二母亲”，一旦解决了感情的“温饱”，他们将重返无情的竞争天地。因为这些男人的自尊是用金钱堆砌的，这一意识已经在他们灵魂中根深蒂固。

一些男人常说“咱们的收入太少”，他们习惯以责任为由逼迫自己多挣钱，并美其名曰“以免妻儿手头拮据”，实则担心自己的虚荣得不到满足。于是，男人在拥有财富之后还要名望，拥有名望之后还要权力，拥有权力之后还要……他们永无休止地、没日没夜地奔波，而忽略了身边妻子和儿女真正的需要。

他们以为有了钱家人就能过上好日子，就应该对他们感恩戴德。他们却忘了家人都是人，需要的是伴着笑语的早餐，说着贴心话的夜晚。这些男人对物质的崇拜和对精神的轻视，害了别人，也苦了自己。

有些男人自己也经常呼吁：给男人一点儿温暖！说实话，看着他们喝闷酒时失落的神情，照镜子时空洞的眼神，真是值得同情。可是真要有心帮一把，得让他们自己从空中楼阁下来，脚踏实地地了解世界，清清楚楚地认识自己。有些人总是不自量力地往自己身上加任务。年轻气盛时，以为天下就没有自己干不了的事，没有自己赚不来的钱，没有自己当不了的官。摔摔打打十几年后，残酷的现实打碎了他们的梦想，他们开始认识到自己只不过是个凡人：官大不如张三，钱多不如李四，口里不说，心里却不是滋味。几十年蝇营狗苟，忙得头顶冒烟脚底起泡，一时间似乎功成名就。

什么都有了的男人当然更不会停顿，因为他们的心已为世俗所累，害怕被别人超过，害怕掉了档次，他们要不断奋斗以求巩固、发展、壮大。于是真心以待的天伦之乐越来越虚无，轻松浪漫的心情越来越陌生。直到有一天自己颧骨突出了，头顶变秃了，老态毕露，疾病缠身，这才发现自己虽得到了许多，却失去了更多，人生最该享受的健康和快乐已是永远不会再有了。

这是男人的悲哀！

有位英年早逝的男人在离开这个世界之前告诉友人：“在别人眼里，

我很成功，很风光，什么都不缺，但我自己心里最清楚，我先以牺牲爱情为代价，后以过早地结束生命为结果。人生最宝贵的东西我都不曾拥有过，别的还有什么意义呢？”他说完这几句话已精疲力竭了，闭上眼，泪水长流……

歌手小刚曾经说过：“这是一个男人承认脆弱的时代。”小刚的勇气与坦诚值得称赞。一个男人，如果他拥有了许多令人羡慕的东西，唯独没有快乐，那么可以说他这一生失败了，因为他连自己都没有尊重。很多男人认为，他能够“造福”家庭的唯一方法便是拼命工作赚钱（物质带来幸福）。这种想法一旦极端往往造成家庭破碎。因为当他们机械地不停工作，就忽视了女人的存在，而女人要的并不总是大把大把的钞票，而是必要时候的一句贴心话。现代女性需要的不是一台只会赚钱的机器，而是一个有家庭意识的丈夫。

啥都AA制，这就是“作”

钱实在是个敏感的话题。不论友情还是爱情，一旦涉及钱的问题，往往都有那么一丝剪不断理还乱的尴尬。浪漫情侣之间，不免涉及钱的问题，比如浪漫晚餐后的埋单问题，结婚时候的买房问题，婚后抚养子女的开销及赡养老人的义务等，都会给爱情中的男女带来烦恼。爱情并不是不食人间烟火，世俗中的爱情总是带着世俗的味道。只是有人总把爱情想得过于神圣，常挂在嘴边的话就是“别提钱，提钱伤感情”。有些女人为了摆脱金钱纠葛的烦恼，也为了表示自己是独立女性，并非是要利用恋爱或者婚姻关系依靠男人，于是选择AA制。

但AA制只适用于朋友、同学、同事关系，并不一定适用于所有的恋人和夫妻。很多采用AA制的男女爱情走得并不长远。

丽君是一个异常独立的女孩子，从来不肯花男朋友一分钱。她是一名普通白领，挣的钱刚好能够养活自己，生活不是很奢华，但是别有一番滋味。

她也希望自己能够有很多的钱，太累了的时候，也希望能有一个人替自己的生活埋单。可是，有了男朋友以后，她的这种念头就打消了。

在很多人看来，像她这样年轻貌美的都市白领，嫁一个有钱人不是难事。可是她偏偏不这么做，不管自己的男朋友是穷还是富，她都坚持花自己的钱。她几乎对交往过的男朋友都说过：“女人不能随便花男人的钱，一直在一起还好，万一分开了，谁欠谁的都说不清楚。”所以，一直到了30多岁她只花过一个男人的钱——就是她的老爸。

从初恋到她的第N任男友，她跟每一位男友分手的时候都不曾有过亏欠。跟前几任男友交往的时候，她从来都不收对方的礼物，即使是出去约会，她也坚持AA制。直到第四任男友几乎崩溃地对她说：“你就这么讨厌我吗？给你买什么你都不肯收，你的心里真的一点儿都没有我吗？”她不知道该怎么回答，被迫收下了礼物，可是过不了多久，她就会回送一个价钱差不多的东西作为补偿。

后来，她的男朋友跟她提出分手。这一次，是有人横刀夺爱，她不甘心，一定要看看那个女人的样子。他答应了。他们3个人约出来一起吃饭，那个女人一直在点自己爱吃的菜，还吵着要他去买糖葫芦。“第三者”霸道的样子让她吃惊，而面对“被人吃定”的样子，他竟然摆出一副享受的表情，更让她不能理解。

这个世界是怎么了？她想不明白也不愿再想。很明显，丽君与男朋友分手的原因之一就是她从来都不肯花对方一分钱，这样的做法也许能够受到部分女人的认可，但对于男人来说，她的这种坚持却是一种拒绝的姿态，把对方推向了门外。

男人不会因为女朋友不花自己的钱就感谢对方。如果对方不肯花费自己的一分一毫，那么他就会觉得双方之间始终有一条界线，芥蒂深了，双方便会逐渐疏远，甚至分手。

爱情是双方的付出，这种付出不仅有情感上的，还有物质上的。如果不接受男人的付出，那么男人总会觉得跟你有隔阂。接受别人的付出也是一种成全，当她们懂得接受的时候，其实也是在换取别人对她们的珍惜。因为人们都有这样的心理：付出越多，就越想去珍惜，就越想从中获得一些回报。就如同她们选衣服：你看中了一件大衣，价格标着500元，但是你想用350元成交。这个时候你有两种做法：一种是直截了当地跟售货员说出你的想法，如果售货员不同意，你也只好掉头走人。可是，如果她开价500元，你不说话，也不还价，只一个劲儿地试衣服，各种颜色通通试一遍。假如货架上没有，就让售货员去仓库取。即使是来了其他客人，也要让售货员无暇顾及。待她筋疲力尽的时候，你一口咬定350元，只要不亏本，对方通常情况下都会卖给你的。

爱情也是这个道理，没有人愿意白白地付出。既然付出了，就想要有所回报。恋人之间分手，多数都是付出多的那一方不愿意放手。就像是买了股票，在赔了很多的时候，即使是抛售也如同割了心头肉一般，可是如果自己没赔多少，那么抛售也就抛了，除非是有更多的利益可赚，不然多数都不会犹豫。

当然，男人愿意给女人花钱也有目的：在自己付出的同时，他们也希望能换取对方的付出。也就是说，女人在接受男人的时候，就要懂得以爱和关怀回报对方。所以，女人在接受物质上的馈赠时，要确定对方是否值得自己以青春和自由作为回报。

当然，这种时候也要看人。只对爱人，才可接受其物质馈赠，而别的男人即使付出得再多，也要学会拒绝。此外，即使是花钱，也要考虑对方的经济实力，在可接受的范围内让对方投资，而不是让对方倾家荡产。这样的花法不会换来珍惜，反而会吓跑自己的真命天子。

异地恋大作战

有人说，距离会产生美，异地恋会加深双方思念的感情！也有人说，异地恋是爱情的毒药，没人能真正熬过来！作为女人，当你面对异地恋时，究竟需要多大的勇气爱他到底呢？

恋爱的两个人，天各一方，相隔千里，时空阻隔了恋人，很长时间两人都不能相见，其痛苦程度可想而知。李清照的《一剪梅》倾诉其思念丈夫赵明诚之苦楚：“……花自飘零水自流，一种相思，两处闲愁。此情无计可消除，才下眉头，却上心头。”那种牵肠挂肚、愁思万缕的情绪，挥之不去，斩之复来，真可谓“抽刀断水水更流，举杯消愁愁更愁”。异地恋不知给多少女人带来了痛苦和煎熬。很多女人在异地恋的长跑中最终败下阵来。

有对恋人从高中时就开始恋爱，高考结束后，女孩考上了北京的一所大学，而她男友则去了另外一座城市。他们只有在放假回家的时候才能见上一面，两人最初都坚守着这份感情。每天晚上，男友都会打电话，他们一聊就是一个多钟头，有时一直聊到熄灯时间还不肯放下电话。室友都十分羡慕她，认为他们会有一个美好的结局。

可是到了大二快结束的时候，这个女孩每天都早出晚归，脸上开始洋溢着从不曾见过的甜蜜微笑。再过几天，就发现她的身边总陪伴着一个男孩，她向室友们介绍说这是她的新男友。同学们都觉得疑惑，她和前一个男友的感情那么好，怎么会突然分手了呢？后来，跟她要好的一个室友了解到：原来她跟前一个男友恋爱的时候并不快乐，她的心情，更多的时候是被一种相思和寂寞之情笼罩，那种强烈相思却不能厮守的感觉十分痛苦。她煎熬了两年再也受不了了，于是，她选择放弃这段虚无缥缈的情感。

在我们身边，也有很多因为现实的种种阻隔分居两地的情侣在最后无奈地选择了分手，这给恋爱双方带来的情感和心灵的伤害无疑是很大的。当年《亲爱的你怎么不在我身边》这首歌的流行体现出了人们对异地恋的疑虑和彷徨。

现代网络发达，许多人通过聊天来结交朋友，并期待能在网络中寻找到浪漫而完美的爱情。网友地域的广泛性，使异地恋的可能性大大增加，而空间的阻隔给爱情带来的压力，也同样使许多情侣面临着严峻的考验。

如果你想坚守一段异地恋，必须具备比常人更强的承受能力，还要对爱情有勇气有信心，异地恋更艰辛和缠绵，如果抱定此生非对方莫属的信念就一定要坚持到底，“两情若是久长时，又岂在朝朝暮暮”的说辞虽然很老套，但绝对有用，一定要时常拿出来作为对彼此的鼓励。可以结识一两个闺中密友，时常把异地恋的苦闷和欣喜与她们分享，以丰富精神生活。

异地恋能否守得云开见月明，胜利盼到团聚的那一天，关键在于你能否做到以下几个方面。

（1）信任：相信对方的真心及行为准则就像相信你自己不会背离对方一样。

（2）坚定意志：目前的生活状况已经决定了不能双宿双飞，不要羡慕别人卿卿我我的亲密状，如不小心要与这些如胶似漆的恋人一起出游，别的不想，想想他们吵架的时候；不要理会旁边人的游说，如果有人告诉你谁想追求你或谁喜欢上了你，你要提高警惕，切记别受诱惑。

（3）将时间安排满：思念虽美丽但也无比忧伤，漫长的寂寞需要自己一个人去品尝，空余时间不妨多看书，少逛街，免得出行时不幸瞧见别人手挽手——触景生愁。

（4）时时联络：煲电话粥，这是必需的“亲密接触”。还可以时时来点新花样，除了打电话、发邮件、聊微信、视频聊天等，还可以写书信及偶尔寄些有趣的小玩意儿。

（5）创造条件一起工作：与相爱的人厮守在一起，才会更接近幸福。

（6）保护好自己的身体：身体是“革命”的本钱，在挂念对方时特别容易情绪低落，所以要预防感冒及其他疾病。

“问世间情为何物，直教人生死相许。”爱情累人，异地的爱情更是如此。如果你觉得自己受不了这份思念的煎熬，尽量不要选择异地恋；如果你深爱的那个人恰恰身在异地，那么，祝福你用真爱把距离踩在脚下。

别过着默默怨恨和自我牺牲的生活

当恋爱关系确立之后，你将不可避免地发现你和男友在兴趣、观念上存在差异。即使两个人非常相爱，并且有着共同的生活理念，有时也难免会忽略对方的需要。当这种情况发生时，感觉到被忽略了的那个人必须大声地说出来。如果这个人恰好就是你，你必须坚定立场，哪怕和他大吵一架。

如果你的男友是一个“大男人”，你的生活可能会变得非常沮丧。他对任何“挑战”的第一反应，都是觉得自己受到了威胁，从而采取粗暴的方式，而不是先倾听。这样，你就会感觉他令人生畏，可能选择忍气吞声，以求避免任何看上去像是“对抗”的情况发生。结果，你可能会使自己陷入一种紧张的关系之中。

你可能因忙于关心男友，而失去一些属于自己的兴趣爱好。女人总是喜欢采取妥协的办法。通常，为了使事情变得缓和，总是女人做出很大的让步。比如，当男女搬到一起，总是女人放弃自己的公寓；为了使两个人在一起的时间长些，总是女人放弃自己那些消磨时光的兴趣爱好；女人总是重新安排自己的假期，以迁就男人的时间，而不是采取其他方式。

有些女孩为了避免不必要的冲突甚至会撒谎。当现任男友问她和谁吃午餐时，她会脱口而出：“我的朋友丽丽。”而不是说和前男友一起出去吃他的生日午餐，尽管他们现在的关系只是好朋友。她不想向这个容易猜疑与激动的现任男友解释为什么她和其他男人在一起。

然而，托词常常会弄巧成拙，因为只要你撒谎，就有被发现的风险，并且，因为他深深地需要你的忠贞，所以他会认为这是“背叛”。

尽量避免撒谎和过分妥协，因为这样会给你们的关系带来可怕的负面影响。在某种意义上，这么做便意味着放弃一种开放式交流的浪漫。你决定不告诉他你的感受和真实想法，其实就是在说：“我不信任你，我‘害怕’你。”

你知道，在认识这个男友之前，你脑海中的浪漫是开诚布公的，你描绘了一个自由谈论、彼此需要的男女关系的图景。你需要认真地对待你的梦。你要清楚，什么是你真正想要得到的。

不要先假设他试图阻止你选择自己的生活，并因此谴责他；也别假设他一点儿也不愿意改变自己。许多女人一直过着默默怨恨和自我牺牲的生活，如果她们足够相信男友的话，她们本可以争取自己想要的东西，并且，如果需要的话，哪怕需要以激烈的交流方式获得它。

你的男友有时看上去很难搞定，但并不表示没有希望。尽管他的大男子主义伪装使他变得非常敏感，但不会完全掩盖他的理性，他生活在现实世界，也知道什么叫公平游戏。

第六章
保鲜——世上没有完美男女，只有完美想象

没有神秘感，女神也变路人甲

美国一家时尚杂志曾经针对经常出国旅游，且年龄在25～35岁的500名单身男士做过一项很有意思的调查：什么样的女人最吸引你？

A. 亲切可爱的美国邻家女孩；

B. 热情奔放的法国性感女郎；

C. 温柔体贴的日本家庭主妇；

D. 神秘妖娆的阿拉伯酋长之妻。

答案出乎意料，在美丽、可爱、性感、温柔、神秘等女性吸引男性的诸多特质中：神秘当仁不让地排在了第一位。70%以上的单身男士不约而同地选择了神秘妖娆的阿拉伯酋长之妻。这些男士给出的理由如下：阿拉伯女人出门在外总是裹得严严实实的，除了一双眼睛，其他地方看上去都那么“云山雾罩”，太让人浮想联翩了。

这真应了上一篇文章的观点：距离产生美，神秘产生大美。男人最喜欢的终归还是那种他们猜不透拿不准的神秘妖精。一个女孩再漂亮，缺乏了吸引男人的神秘感也是失色的。

叮当走在街上的回头率都是80%以上，是很难得的美女。但奇怪的是，她的恋爱总是触礁。有一天她告诉朋友她又失恋了，让朋友陪她去咖啡厅坐坐。聊了很久之后才发现症结所在，她就是太实诚了，什么都跟男友讲，连过去的情史都一五一十地告诉男友。叮当的做法犯了恋爱的大忌，他对你的过去了如指掌，不仅会横挑鼻子竖挑眼，而且也会因为神秘感丧失而失去兴致。聪明的女人永远只说七成，留三成让对方揣摩与遐想。

许多女人都在疑惑，为什么男人一旦拥有了她们，就不像以前那样爱她们了。那是因为双方一旦进入这种状态，就开始要求对方向自己开放、坦白，不允许对方有隐私。你不再神秘，他便失去了探寻你的愿望。

有人曾说，枕上无英雄，枕上也无美女，天天在一起，早晚会“原形毕露”。

追求胡因梦时，李敖曾说：“如果有一个新女性，又漂亮又漂泊，又迷人又迷茫，又优游又优秀，又伤感又性感，又不可理解又不可理喻的，一定不是别人，是胡因梦。”然而，当两人进入现实的婚姻生活中，胡因梦身上那层神秘的面纱被揭开，一切镜中月、水中花的朦胧美都不复存在，大才子李敖就在爱情的路上打起了退堂鼓，这段才子佳人的婚姻仅仅维持了3个月就告终结。当被媒体问及和胡因梦分手的原因时，李敖的话多少有些恶毒：“在我心中她一直都是完美的，有一次半夜起夜，忽然看到胡因梦因为便秘在马桶上龇牙咧嘴的样子，觉得完美被打破了。”李敖的话虽恶毒，剖开来细细思索，也不是全无道理，当一个女人失却了在男人心目中的神秘感，也就让男人失却了继续探索的兴趣，也就渐渐由“女神”沦落为路人甲。

女人，在爱情甜蜜的同时，别忘了在自己和心爱的他之间保留一层朦胧的面纱，给他一种雾里看花、水中望月的神秘美感，让男人永远觉得你是一本百读不厌的书。变，一刻不停地变，将自己的心灵不断地放逐，将自己的外表不停地迁徙，永远保持着神秘感。这是给男人最好的礼物，也是女人保持魅力的最好手段。

当两个原本陌生的人第一次交流时，对彼此都充满了好奇，言谈中充满了试探，努力想要探听对方的情况，这是人之常情。但是，对方一旦了解了你的全部，有时便会逐渐麻木，对你的兴趣也会随之冷却。因此，保持新鲜感并使他一直对你抱有兴趣，一定要在恋爱期间保留一点儿神秘感，让他对你有尚不了解的部分。

例如，你与一位男子之间关系已经很亲密了，但在他侃侃而谈时，你突然视线移开，陷入沉思，或者无意识地移动一下位置，拉开与他的距离，却又表现得真诚聆听。这些都会使这位男士增加对你的神秘感和好奇心。即使第一次见面，他也会对你留下深刻的印象，产生第二次、第三次见面的欲望。如果你也正有“美意”，那么这种若即若离的态度会使你像一块磁石一般，将他越吸越紧。

“神秘感”的另一层含义是“新鲜感”。当一个女人在男人的眼里失却了神秘感，也就失却了新鲜感，而喜新厌旧又是人的本性，无论男人还是女人都是一样的。喜欢新事物，喜欢新鲜的东西，而对旧事物，习以为常的事情不感兴趣，这是人之常情。问题在于怎样使你总是“新”的，怎样保持你的神秘感。

在某俱乐部活动中，谈到男人都喜欢什么样的女人时，一个中年老板冷不丁地扔出了6个字：“藏得住，摸不透。”顿时引来阵阵掌声。女人要想长久地吸引男人，靠的不是惊人的美貌，也不是温顺的性格，更不是非凡的才华，而是那种男人无法掌控的危险气息，能满足他们狩猎的欲望。她们深藏不露、飘忽不定、捉摸不透，却最能让男人魂不守舍、魂牵梦绕乃至牵肠挂肚。

女人神秘的内心世界，是男人追逐的目标。神秘的女人对于男人来说，就像撒哈拉沙漠，就像埃及金字塔，高深莫测又极具诱惑。这也符合弗洛伊德在《爱情心理学》一书中分析的，男人为什么总是会不由自主地爱上“危险的坏女人”，因为危险就意味着挑战和刺激，他们的狩猎心理被神秘女人完全挖掘出来，男人总是会想：不入虎穴，焉得虎子！

你越神秘，他越好奇；你越被动，他越主动。真要有一天，你在他面前一览无余了，他反倒摆出一副大功告成的样子，准备撤兵了。

聪明的女人深谙“犹抱琵琶半遮面”的东方式唯美，而不是像无知女孩那样一味地展现“接天莲叶无穷碧，映日荷花别样红”的绚烂和艳丽。有些女人，太不留余地了，就像是一眼见底的白开水，没有了可以期待的韵味，让男人失去了探险的兴致，那么其受宠期也就结束了。

这也许就是我们常说的“花要半开，酒要半醉”的意境，那种犹抱琵琶半遮面的吸引才是最高境界。

一次只给一块糖吃

著名侦探小说家阿加莎·克里斯蒂曾说：人生最大的不幸就是得到了想要得到的。侦探推理小说同样适用于男女之间的爱情，男人喜欢征服的过程，太快俘获芳心会有食之无味的感觉，结果不是分道扬镳就是感情破裂。要想长久地留住一个男人，就要不断地给他制造征服的欲望，不要竹筒倒豆子似的一次把甜蜜全给了他，而要“一次只给一块糖吃”，不断地诱惑他，你才能在通往对方内心的那条路上蜿蜒前进，不慌不忙地欣赏沿途的风景。

苏秦与一个叫孟煌奇的男人在网上相识3个多月了，颇有惺惺相惜之感。一天，孟煌奇约苏秦见面。尽管内心激动不已，苏秦还是按捺住雀跃，细心准备着和孟煌奇见面时的穿着——是自己舒服别人看着也很舒服那种，恰到好处地部分露出性感线条——漂亮的锁骨和脖子、线条匀称的小腿。

尽管苏秦和孟煌奇在网上已十分熟络，但她和孟煌奇见面交谈时，苏秦还是挑选了一些轻松的话题，适当的时候，她还主动丢出两三个小笑话，整个约会中至少有一两次他们同时笑起来。放松的孟煌奇，开始不断地向她谈起自己，紧张的心情让他有些语无伦次。

她明白这个男人被自己吸引了，但她回应得并不热烈，只是向男人回报友好的微笑。男人为展示自己的经济实力，大谈炒股常胜的话题，滔滔不绝之势不减，她巧妙地利用去洗手间的小事儿给他做了暂停。

在整个约会中，她大都在倾听和微笑，她并不主动打探孟煌奇的私生活，也不谈起自己的任何感情经历和观念。孟煌奇主动向她提起过去的女友，她听得认真，但不随意发表看法。她的感情世界，就像一个蕴藏很深的宝藏，吸引着这个男人愿意花费更多心思去一步一步探索。

约会后，孟煌奇一直没有联系苏秦，苏秦虽然很想知道原因，却还是按捺住了自己的好奇心，没有主动联系孟煌奇。一个星期以后，孟煌奇打来电话约苏秦出去，当时苏秦正和朋友逛街，就婉言谢绝了，说等有时间再说。

当天晚上12点，孟煌奇打来电话，苏秦看时间太晚，没有接听。第二天苏秦礼貌地回给孟煌奇，说当时自己已经休息了，所以没有接听电话。此时，孟煌奇感觉到自己以后要尊重苏秦的时间，又感知到了苏秦对他的尊重与真诚。在第二次约会时，他非常注意把握好时间。当苏秦看到孟煌奇为自己付出的心力时，她知道，孟煌奇这个男人已经开始走心了。

好东西慢慢给，面对自己心仪的优质男，女人要懂得“一次只给一块糖”的慢性诱惑准则，让他每一次发现都是新感觉，每一次感动都是头一遭。要让男人知道，女人不是一张即撕即弃的便利贴，而是一家琳琅满目的糖果店。一次、两次、三次，每次都会给男人新发现，一生让男人寻求探索。

你是我的“半糖主义”

“我要对爱坚持半糖主义，永远让你觉得意犹未尽，若有似无的甜才不会觉得腻。我要对爱坚持半糖主义，真心不用天天黏在一起，爱得来不易要留一点儿空隙，彼此才能呼吸。”SHE组合在歌声中宣告新时代感情的“半糖主义”。

爱有时候就是这么没道理，爱人分别太久，要担心对方是否不够爱自己；两个人黏得太紧，却印证了一句话“爱得太用力，爱就燃烧得太快”。半糖主义代表的是一种健康的生活态度，太苦的日子会使人沮丧失望；过甜的日子容易让人不识甜为何物，不懂珍惜，也许生命的最佳状态就是不回避烦恼与苦难，并学会给自己的日子加半勺糖，在若有若无间体味生命的香甜，领悟甘苦参半的人生真谛。

向岚和陶娟是大学同学，两人志趣相投，一见面就成为好姐妹。到了大二的时候，两人都有了自己的男朋友。如何对待爱情，她们丧失了以往的默契，向岚认为对待爱情采取“蜜糖主义”，才能让爱情更加甜蜜；而陶娟的想法不同，她认为“半糖主义”的爱情才更能让双方懂得珍惜。然而，两人各执己见，谁也没有说服谁。

在爱情中，向岚誓将“蜜糖主义”进行到底，除了上课、睡觉，她每天都和男友聚在一起，真是一对如胶似漆的甜蜜恋人。不久，向岚认为每天相聚时间太少，难以慰藉两人的相思之苦，于是她和男友就在校外租了一间小屋，过起了两人的小日子。不仅如此，向岚考虑到男人的面子，把经济大权都交给男友，将每个月家里给的所有生活费都交给男友掌管。每天男友会给她“发放”早餐等日常必需经费，其他零食类支出都要向男友申请。

然而，这段同居生活却并非表面那样幸福，每天生活在一起，彼此的缺点逐渐凸显，矛盾滋生，争吵时有发生，“分手”二字更是时常被向岚和男友挂在嘴边，两人分分合合多次，让彼此饱受心灵伤害。最终，疲惫不堪的两人选择了分手。

另一边，陶娟的爱情观是坚定的“半糖主义”，她不会把所有时间都花在爱情上，她只在晚饭时陪男友一块儿吃，饭后两人一起去上晚自习，共同探讨学习问题。就连周末，她也一半时间给男友，另一半时间则和同学、朋友去逛街，让男友也和他自己的朋友玩耍，两人相聚后还可以讲述彼此遇到的有趣事情。这段爱情并没有因为距离而产生隔阂，反而更显甜蜜。大学毕业一年后，男友就向陶娟求婚，让陶娟做他美丽的新娘。

向岚的“蜜糖主义”让爱情落了空，而陶娟的“半糖主义”却为自己赢得了幸福的婚姻。“蜜糖主义”认为，爱就是寸步不离，就是完全透明，完全占有。而“半糖主义”作为一种理性的爱情观，它反对全糖式爱情，认为过分的如胶似漆，没有距离和神秘感，也正是现代很多爱情不能长久存在的原因。当两个人相爱的时候，并不是要“形影不离，如胶似漆”，“一日不见如隔三秋”，“爱情就是生活的全部”。但婚姻不是一朝一夕的事情，总有一天，我们会感到累了倦了，无法再保持当初的那份激情，只有细水长流的感情才能更加天长地久。

人们常说：距离产生美感。彼此间有一点儿距离，才能营造出一种朦胧之美，才能将两人的心拴得更紧。距离美要求我们对爱坚持“半糖主义”，双方注意保持一定的距离，给彼此留出空间和自由，这样的爱才会持久，不至于令人厌倦。就像一杯白开水，如果不放糖，水就会平淡无味；全糖，水又太过于浓甜；半糖，不甜不淡，刚刚好。

最后看的还是颜值

有不少人看过《男人来自火星，女人来自金星》一书后都感慨，要是早看到就好了。因为大多数人都不曾意识到，男人和女人是来自不同世界的动物，用本星球上的逻辑来对待外星人肯定是会出问题的。所以男人和女人的纠葛从来就没有断过。

男人天生好色，他们对女人首先要求的是颜值高，学识和性格倒是其次。很多男人都会辩驳说：“错了，我要的是一个贤淑温柔的老婆，不是那种妖娆的女人，我最注重的是性格和脾气。”实际上，也许连他们自己也没有意识到自己最看重的还是女人的外表。大部分男人找对象时，总是脱口而出：“长得怎么样？”如果第一眼就觉得对方不合眼缘，以后也就再也不会对这个女孩提起兴趣了。男人在本质上是感官动物，更容易被欲望驱使和支配。

不可否认，并不是每个男人都要求女孩长得美若天仙。他们也会考虑性格和脾气的因素。在男人心目中，一个外表90分、脾气70分的人，并不一定胜过一个外表70分、脾气90分的人。一般情况下，只要外表在合格以上，脾气就是决定性因素了。男人最忌娶一个“泼妇”——脾气坏到极点、自私到极点的女人，这样的人需要敬而远之。需要注意的是，这些都是在外貌过关之后才考虑的问题。外貌，起码是很多人考虑的第一因素，只要长得好看，即使学历、工作、家庭环境等条件差一点儿，大部分男人还是会接受的。

从某种意义上说，男人属于视觉动物，女人则是听觉动物。男人感受世界多用眼，而女人习惯于用心；男人看到的是客观世界，充满物质的社会，而女人用心感受到的是一个充满情感色彩的世界。有一个故事，一个好标新立异的男人决定结婚，他有4个选择对象：平凡才女（才华横溢）；商界奇女（精于投资）；邻家乖女（擅长理财）；性感舞女（舞蹈专业）。那个眼光卓绝的男人说：要是四合一该多好。最后他毫不犹豫地选择了第四个。

男人感兴趣的是女人，而女人注重的却是爱情。如果不明白两性这种本质上的区别，男女就很难沟通。为了测试男女反应的差异，美国亚特兰大一所大学的教授，曾对4名研究生进行测试，他们必须一直盯着屏幕上的色情图片，然后测试他们手指的流汗程度。得出的结论完全是意料之中的，男性的反应明显大过女性。该教授说："我们发现，在脑部特定区域，男性的反应比女性更活跃。男性在两侧的腺体和中间的丘脑下部都比较活跃，而女性在同样的区域却没什么活动。"

第七章
离开——分手那天，你一夜长大

我爱你，但我可以没有你

分手时，有些人常常乞求对方："我爱你，真的不能没有你。"

其实并不一定是不能没有对方，而是考虑到一旦失去对方以后，自己曾经付出的感情没有了，自己的苦心经营白费了。所以，面对分手，更多的痛苦不是来自对方，而是来自自己。没有谁离开了谁就活不了，两个人本来也是从不同的地方走到了一起。

小尚说自己一直都是痴情种子，跟佳宁在一起相处了6年，从来都没有想过放弃。大学时，两人不在一个城市，有时半年都见不到一次。周围的姐妹都忙着打扮约会，自己只能孤零零地躲在被窝里看小说。即使是这样，小尚也从未抱怨过，每次接到佳宁的电话，她都觉得自己很幸福。

转眼毕业了，两个人都在期望能够分到一个城市，可是造化弄人，佳宁南下，而小尚成了北漂一族，两个人的爱情再次受到了考验。虽说距离产生美，但是对于爱情来说，距离未必就是美，有时候两个人说着"再见"，就有可能"再也不见了"。一年后，佳宁向小尚提出分手，两个人的爱情就此终结。

小尚说，跟佳宁分手的日子，是她有生以来最难过的日子。她无时无刻不在回忆两人在一起的点滴，就好像拿着显微镜，以前那一点点的甜蜜也能成为回忆里最大的幸福，可是幸福过后，就会是一阵难忍的疼痛。她始终不肯相信分手的事实，即使是自欺欺人，她也希望能够维持一种幸福的假象。可是，现实太过残忍，即使自己再怎么伪装，都无法改变既定的事实。

后来，小尚逐渐接受了现实，习惯了一个人吃饭、一个人逛街、一个人散步，生活好像又回到了和佳宁认识以前的日子，有一种久违的亲切。她在日记里写道：两个人的甜蜜固然值得回味，一个人的生活也别有一番趣味。任何时候，都不能保证总有人来爱你，所以，我要学着一个人快乐地生活。两个人在一起的时间越长，就越觉得分手以后对自己是一种亏欠，心里也就越痛苦。

人一旦动了真情，即使以后会遇到更好的选择，也往往会守住现在。因为人们不是在割舍对方，而是在割舍自己，割舍自己曾经投入的岁月和真情。

而女孩子一旦伤心，就会把所有的悲伤叠加起来，让自己倍加伤心才会甘心。这是一种下意识的自虐，除了让自己更加怨天尤人之外，没有任何好处。

其实，生活就是这样，总是有人来有人去，我们人生中的每个阶段都会有一个很重要的人，他们陪伴我们的时间或长或短，但都是来滋养我们的生命的，他们并非不可替代，只是碰巧出现的那一个而已。

痛苦如浮云，时间总会将所有的忧伤带走。即便面对失恋，我们也完全可以对对方说：我爱你，但我可以没有你。

婚恋法则

失恋后的反应

失恋后，失恋者的心理一般表现为如下几种。

1. 悲伤、痛苦、愤怒与绝望

有的人在失恋后，情感上会极度悲伤和痛苦，随之而来的是愤怒和绝望。在这种强烈情绪的支配下，如再有外界的刺激因素，如旁人的煽动或分手对象的刺激，就很可能产生鲁莽行为，比如自杀、报复等。

2. 强烈的报复心

这种心理通常发生在一些感情受到欺骗和玩弄的失恋者身上。他们为了宣泄愤怒和不满，可能采取非理智的极端行为，如致恋人毁容甚至伤害其生命等。也有的破罐子破摔，干脆以自己的沉沦来报复社会和他人。

3. 强烈的自卑感

有的失恋者因自尊心受挫会生发强烈的自卑心理，有的甚至从此关闭感情的闸门，拒绝爱情，从而一蹶不振，性格变得孤僻、古怪，严重者甚至可能产生自杀意念。

4. 迁怒于其他人或事

失恋后，有的人极易将消极的情绪迁怒于其他人或事，表现为易动怒，对一切异性都有一种莫名的仇视心理，干任何事都不顺心，容易发怒、发脾气，即使对好友亲朋也是如此。这种无端的迁怒常常会导致偏激行为，影响失恋情绪的平息。

不是只有爱情

爱情是重要的，但它不是生命的全部，人生还有事业、亲情和友情，还有许许多多重要的事情需要我们去追求，去完成。所以失恋后绝不能委靡不振。

你应该继续相信生命中会有属于你的领域，属于你的幸福，即使遇到暂时的失败，也不应该放弃对爱情的追求。因为失恋就无心工作，从而消沉下去，是一种懦弱的表现。而因为失去了一个挚爱的人而决定一辈子单身，也是不现实的。没有爱情的人生是不完美的，你应该相信自己还有追求爱的能力和接受爱的勇气。

1. 失恋不失德

不要因为失恋带来的痛苦和愤怒去做过激的蠢事。那只是幼稚浅薄的举动，是愚昧无知的表现。因为失恋就想要自杀，甚至心生报复，不但不能解除痛苦，反而会造成违反道德人性、触犯法律的结局。失恋后，与对方的爱情可能逝去不返，但基本的做人准则不能抛弃。

正确的方式是进行换位思考，及时总结经验，吸取教训。如果对方是因为你的缺点弃你而去，你可以站在对方的角度想一想：假如我遇到这样的情人，犯了这样的过错，我能不能容忍？如果可以自省并改正缺点，以崭新的姿态去寻求新的爱情，一定会让你从失恋中得到成长。如果对方因为见异思迁、喜新厌旧或其他消极情绪与你决裂，你不妨这样想一想：既然恋爱时就对我这样，结婚后就更不知会是什么样了。

2. 失恋不失信

如果两个人说好了分手，那么不要再保持暧昧。尤其是当一方有了新伴侣之后，更要注意保持距离，不能藕断丝连。否则旧情不能彻底结束，会让新恋情受到破坏。

佩琪和前男友分手后，还一直心存幻想，以为总有一天对方还会记起她的好，所以经常半夜三更给前男友打电话，哀求不要分手。前男友三番两次告诫佩琪，说这样会给他和他的家人带来麻烦，但是佩琪仍纠缠不止。佩琪慢慢变成了一个“死缠烂打”的女人。

李雯正好相反，分手后，男友总是缠着她不放。她没有回头，只是笑着对男友说：“好马不吃回头草，何必单恋一枝花。”她知道，破镜即使重圆，中间也必有一条裂缝，感情是永远不可能修补圆满的。

3. 失恋不失望

失恋后要培养乐观豁达的健康心理。振奋精神，把眼光投向未来，而不是死死地盯在眼前的爱情挫折上。当然，冷静地分析一下失恋的原因，吸取一些教训，有助于疏导情绪。

失恋首先是一种幸运，其次才是不幸。因为正是失恋证明我们曾经真正地爱过。要知道，在这个世界上，一辈子都没有真正爱过的大有人在。同这些人相比，在人生中我们已经足以让人羡慕。尽管后来失去了，但是我们的人生已由此变得丰富，感情由此变得深沉，气质由此变得成熟。

恋爱是一次已完成的选择，失恋可能是即将到来的选择。在以后的日子里，只要有一个能与你心心相印的人，我们就可以回头对岁月说：谢谢，我庆幸那次失恋。不要过分伤心，要相信或许那个真正能给我们幸福的人，正在不远的前方。

4. 失恋不失趣

解决失恋的最好办法就是微笑，不管是对自己，对周围的人，还是对对方，都要带着乐观和坦然的情绪，这样对谁都有好处。

很多人失恋就大呼小叫，痛骂自己，感到自己是世界上最无助的人。或者在失恋后就谩骂对方，说对方是没有眼睛的低能儿。这样的举动都是不明智的。

安仪在分手之后，就选择了独自旅行来抒发压抑的情绪。她暂时离开了会触发恋爱回忆的城市和人群，来到一个山清水秀的小镇上休息、散步，和陌生人闲聊，以此来调整状态，重新适应一个人的生活。旅行结束之后，她也更勤奋地工作来分散注意力，寻求自我释放。在朋友眼中，她淡定从容，没有因为曾经经历过两个人恋爱的时光，就忘记了独身的自由和轻松。总之，失恋并不是一件可怕的事情，可如果一个人没有正确对待失恋这件事，那么，她失去的就不仅仅是一段恋情。所以，正确对待失恋，就像梁静茹的歌里唱的那样：“分手快乐，祝你快乐，挥别错的才能和对的相逢。”更好的那个人，正在不远处等着你呢！

婚恋法则

失恋后的类型

当一段感情结束的时候，不同类型的人分别会有怎样的反应呢？

1. 理智型

失恋后能冷静、理智、客观地分析失恋的原因，对自己、对对方不增加仇恨，不施加压力，不自暴自弃，并能注意失恋后的心理调适。生活中大多数失恋者属于这个类型。

2. 痴情型

失恋后对原恋人的情感不减，仍纠缠于往日的情感，产生严重的失落感和抑郁情绪。这种心态有时会影响自己的身心健康及对日后婚恋问题的处理。此种类型多见于相爱时间较长或一方对另一方十分痴情迷恋的情况。

3. 自责型

失恋后封闭自己，陷于孤独压抑、羞愧悔恨的情绪中难以自拔，自我沉沦，自我惩罚，自暴自弃，甚至产生心理危机。例如，曾有位女大学生委身于对方，却又被抛弃，感到无地自容，痛不欲生，几乎酿成悲剧。

4. 攻击型

失恋后不少人会产生一种仇恨心理，这种仇恨大都埋在心底，会随着时间的推移而逐渐消失。但倘若仇恨过分强烈，心理无法平衡，就会导致报复心理和行为。这种情况多见于被欺骗、被玩弄的一方，也见于占有欲强、心胸狭窄、报复心强的失恋者。失恋后的攻击程度不等：轻者，散布流言蜚语，对对方进行人身攻击；重者，不择手段进行报复，伤害对方，甚至导致毁容、伤残、失去生命。现实生活中，因失恋而报复对方的事例层出不穷。失恋后的报复心理和攻击行为有时还会泛化为针对所有异性。

5. 升华型

有的人失恋不失志，正视挫折，净化痛苦，从失恋中吸取教训，并不断完善自己。同时，从失恋中崛起奋发，化痛苦为动力，去追求情感的升华、事业的成功。歌德失恋后，写出名作《少年维特之烦恼》便是典型的一例。

因为寂寞爱错人，可能寂寞一辈子

溺水的时候，有人抛个救生圈给你，你一定高兴疯了，不管救生圈是新是旧、是美是丑，能救命就好，一下子扑上去，狠狠抓住。生活中，人们难免也有被颓丧失望淹没的时候，有些年轻女孩习惯在这时把爱情当作救生圈，以为抓住爱情，就可以让它把自己拉出泥沼。然而，抓住爱情并不一定会让生活变好，有时反而会越陷越深，不是有首歌唱道“我一个人不孤单，想一个人才孤单”吗？

一些“唯爱情主义”的女孩如果失恋，容易失去生活的重心，甚至找不到自我。这时如果有哪个男人靠过来求爱献殷勤，她便很容易投怀送抱，一来证明自己没那么差，找回自信；二来可以打发无聊的时间。其实这种感情就像落水后碰上的救生圈，为了活命而抓得很紧，等回到岸上就会把救生圈丢在一边了，结果不但会伤害施救的那个人，自己也难以得到一段圆满的爱情。

如果爱情来了，坦然接受；爱情没来，就照样一个人逛街，穿漂亮衣服，千万别随手抓个救生圈，也别傻傻地去当别人的救生圈。只有找个同样在陆地上寻找爱情的人，感情才可能健康、长久。

乔楠是一家大公司的白领，一向生活得光鲜亮丽，下班约朋友吃个饭，晚上听听音乐，看看电影，做个按摩，周末和朋友一起逛街、跳舞、爬爬山，生活过得有滋有味，虽然没有合适的男朋友，但乔楠对目前的生活挺满意。

不清楚从什么时候开始，朋友们都变得忙碌起来：晚上约人出来吃饭吧，人家要陪自己的男朋友或老公，周末搞个朋友聚会吧，姐妹们都忙着享受自己的二人世界，渐渐地，乔楠想找个一起逛街的人都困难了。刚开始，乔楠对朋友们的“重色轻友”表示不屑：“哼，一群小女人！”可一个人待得时间长了，乔楠再也开心不起来了。姐妹们七嘴八舌，都劝乔楠快快找个人嫁了吧，晚了就没好的了。父母也苦口婆心地告诫她，过了30岁就成“老姑娘”了。

乔楠可以当朋友和父母的话为耳旁风，可她挡不住一日胜似一日的寂寞。终于，乔楠接受了一个追求了她几个月的同事张辰。虽然张辰并不是乔楠理想的对象，但感觉人挺踏实可靠的。恋爱后不久，他们便结婚了，乔楠也结束了自己寂寞的单身日子。

然而，婚后甜蜜的日子没多久，两人的婚姻就出现了问题。张辰看不惯乔楠“小资”的生活做派，乔楠也不能忍受张辰的刻板乏味。最终这场短暂的婚姻以失败草草收场，带给两人的都是无奈和疲惫……就算再怎么孤单寂寞，也千万不要把恋爱和婚姻当作摆脱寂寞的手段。没必要因为寂寞就降低标准，随手抓一个人恋爱。爱情不是两个人打发无聊时间。寂寞的时候，你需要有人跟你聊天，陪你娱乐，陪你消磨时光，但不是去随便爱一个人。因为寂寞而爱错人，可能会寂寞一辈子。

当然，你也不能坐等寂寞把你吞掉，而是应该采取措施自己走出来。有没有试过跟自己谈心？很孤独的时候，把自己关在屋子里，用中等的音量和自己讲话，把自己的困惑、渴望和郁闷都说出来，当然也可以假定一个倾诉对象，比如你信任或亲近的人，直呼他的名字倾诉，直到泪流满面为止。哭过之后洗洗脸，重新生活。

实在寂寞得没法儿了？没关系，去书店或商场吧，把平日里看上但一直舍不得买的东西买回来，或者买本你喜欢的书；或者就在周围的公园散步、慢跑、骑会儿单车，都可以驱走所有的寂寞瘟疫，给你的生活注入新的活力。如果条件都不允许，那还可以找点自己感兴趣的事情，游泳、打球、跑步、写作、手工、弹琴……当你投入在喜欢的事情上时，自然会忘掉一切，哪还有空闲叹寂寞难耐！

可以失去爱，但不可以失去爱的能力：情境转移

爱情不是一条永远平坦的大道，能够和初恋结合的人凤毛麟角，很多人至少会经历一次失恋。问题是，失恋后该怎么办呢？在现实中没有结果的恋爱，在回忆中却是朵永不凋零的花。就如一幅画，以适当的距离鉴赏的话，它的色彩即使淡淡的，也是极美的。虽然在当时，失恋是一种巨大的折磨，但当你找到那个与你心心相印的人时，你会回过头对岁月说：“谢谢，我庆幸那次失恋。”

对于爱情能够拿得起放得下的人，是一个智者。

女人首先应当对爱情旅程上的挫折有所准备，相信每次挫折都会过去，每次挫折都会以痛苦为代价，收获一笔宝贵的财富。这样，当你面对失恋时，就会控制自己的感情。一位小伙子谈及自己的失恋时说：“恋爱是男女双方的事，一厢情愿是不行的。对方对你已经关闭了爱情的心扉，中断了恋爱关系，你又何必自作多情、寻死觅活呢！不妨宽容一点儿，洒脱地和她分手。一次爱的幻灭会使人更新自我，感情更深沉，气质更成熟。只要有充分的自信，爱神会再度来临的。可以失去爱，但不可以失去

爱的能力。”

失恋也并非意味着世界末日，二十几岁的年轻人应该勇敢地承受生活中的一切痛苦、幸福。生活是丰富多彩的，各个年龄段的人都有自己的恋爱方式，爱情并不因一次挫折而一去不回头。

失恋的确是一件十分痛苦的事，要走出失恋并非易事。事实表明，许多人在面临这个问题时往往表现得非常茫然，相当一部分人因此还被惨痛摧垮，从此一蹶不振。专家认为，失恋后要尽力减少再接触，更不要到曾经谈情说爱的环境中去怀旧。要到一种能陶冶情操、放眼未来的环境中去洗刷忧伤。

恩格斯21岁时失恋了，他就跑到巴塞尔旅游。当他登上禹特利山顶时，头上的蓝天白云、脚下的湖光山色使他心旷神怡，失恋的痛苦顿时消失得一干二净。后来他对人说，向美丽的大自然倾吐爱情的痛苦，可以使自己在大自然的壮丽景色中豁然开朗，融入其中。这就是心理学上所讲的失恋后的情境转移。

情境转移指为了帮助受挫者摆脱或者缓解不良情绪，需要将其注意力从负面情绪转移到其他事物尤其是兴趣爱好上。这样最能够引起人的良性刺激。情境转移概括起来其实就是与环境互动。要么是改变环境，缓解或者减少环境带来的负面压力；要么是直接换一个环境，让新感受直接刺激受挫者，使其振作。

利用外部帮助来解除失恋的痛苦也是一条很重要的途径。从情感体验上看，失恋是个人私事。从社会效果上看，失恋也是一种社会问题，处理不好会造成社会危害。比如，有些失恋者因得不到及时劝导而自杀或报复他人。所以，社会与家庭都要关心失恋者，对他们进行心理抚慰，帮助他们正确认识失恋的原因，使他们早日摆脱失恋的苦恼。

失恋“愈合法则”

恋爱的一方否认或中断恋爱关系，会使对方失去爱情而受到痛苦的心理挫折。这通常发生在那些曾经获得过某种程度、某种性质的“爱”，并为此做出过真心承诺或有较大物质和精神投入的男女身上。他们情愿或不情愿地与恋人分手，从而体验到一种失落感、伤心感甚至痛不欲生之感。

其实，失恋既然不可避免，痛不欲生也依旧于事无补，那不如调节好自己的心态，正视失恋，使自己从失恋的阴影中走出来。

1. 思考中断法——转移注意力

失恋者情绪消沉、寂寞无助是正常的，但沉迷于往事中不能自拔就过度了。一旦睹物思人，请有意识地“叫停”，以中断回忆，将注意力拉回到现实中。

2. 比较疗法——比比谁最惨

看看灾难影片，感受里面那些生离死别的惨痛，参悟现实中还有很多令人悲怜的人和事。想一想在这个世界上，绝非自己一个人经历此痛，这样对比是否觉得平衡一些？

3. 建立信心法——自我快乐

失恋后的某些人会否定自我形象，甚者自信心也会发生动摇。不管怎样，无论什么时候，都应该坚定不移地爱自己。改变一下发式，买两套新装，让新鲜艳丽带动自己的心情。失恋的日子，每过一天，就赞许自己一遍：“事情并没有那么严重嘛，昨天都撑过去了，今天更没问题。”偶尔有些寂寞，也要说服自己：一个人的生活也不算太坏，起码不必迁就对方，也不必为对方的喜怒而担心了。

4. 融入朋友法——恢复本色

恋爱期间“重色轻友”，现在恢复“单身”，还不趁此机会与老友们相聚？有谁会像老朋友一样了解你、包容你又心疼你呢？跟他们在一起，你不用掩饰什么，没有空闲去品尝失恋之后的苦涩，有助于你重新找回良好的感觉。

5. 投入工作法——收之桑榆

恋爱是一件需要投入精力的事情，分心是不可避免的，而失恋后一切复归，又可以全身心专注于工作或课业上了。“化伤心为力量”，努力地“建设”自己，使自己成为具备更好条件和资本的优秀者，还怕无人识吗？既然上苍关了这扇门，就会为你再开另一扇门。做一个有心者，等待合适的机会吧！

当爱情离我们远去的时候，我们要尽力挽留；当我们无法挽留的时候，最好的处理方式就是忘掉，忘掉以前的愉快和不愉快。因为任何好的或不好的回忆，对于失恋者都是一种灵魂的刺痛。

当我们学会了忘记，才会真正地解脱，才会学会宽容。有人说，经历了真正的爱之后，人才会成熟。不论结果如何，只要我们真心付出过，坦诚地对待过，也就不会有什么后悔的地方。成熟的心智，才会产生成熟的感情。

第八章
择偶——你这么可爱，可惜不会爱

想清楚你要嫁个什么样的人

好的婚姻是什么？在每个人心里有着不同的概念。

有个姑娘，她嫁了一个家庭背景好、工作单位理想、高大英俊的丈夫。但婚后的她并不幸福，换来的是成天的愁眉苦脸。

原来她在物质上是很满足，但每天陪伴她的却是孤独寂寞，因为丈夫忙于工作而很少有时间陪她。她的朋友都羡慕她，她却羡慕一个嫁了教师的朋友，虽然这位朋友过得一般，但每天都可以看到他们夫妇在一起的身影，朋友的脸上写满了幸福。是的，有的人认为嫁个有钱的男人就幸福，有的人认为嫁个体贴的男人就幸福，有的人认为嫁个帅哥就幸福。也就是说，每个人都有自己的“婚姻偏好”，所以女人在考虑婚姻大事时，一定要考虑清楚嫁一个什么样的男人。尽管“金无足赤，人无完人”，你不可能嫁到十全十美的男人，但一定要嫁个适合自己的人，你认为哪方面重要你就要优先考虑。你需要一个有钱的人，你就不要怕寂寞；你怕寂寞，就不要羡慕别人富裕的物质生活。

婚姻一步走错，就可能步步皆错，而且将会给你的一生带来痛苦。所以一定要找个自己了解的人托付终身。草率的婚姻，对对方一知半解的婚姻，可能带来很多的不便，甚至不幸。比如，婚后你发现对方有你不能忍受的缺点时，你会后悔，而这很有可能导致婚姻的失败。所以，如果你还不是很了解一个人，千万不要草率地嫁给他。

对于男人婚前所说的话不要太过于信赖，有些人为了和你在一起，会答应你提出的任何条件，即使你说要天上的月亮，他也会说“我马上摘给你”。这样轻易许诺、信誓旦旦的男人，一定要留心。要让对方以实际行动证明他是个说到做到的大丈夫，而不是言而无信、不负责任的人。

结婚要找个真正理解自己的人。

有这样一个女孩，结婚前她男朋友为了得到她，写情书，托朋友，并在众朋友面前说她和他是天造地设的一对，结果婚后他以如下理由说妻子和他性格不合。

一是她要他帮忙做些家务，他说他成长在优越的家庭里，过惯了“衣来伸手，饭来张口”的生活，埋怨她不理解他。

二是她让他有空时和她聊聊天，他说他是那种喜欢“此时无声胜有声”境界的人，抱怨她烦他。

三是他工作特殊，平时没什么时间陪她，她想他有时间在家陪陪她，谁料他说：两情若是久长时，又岂在朝朝暮暮。

女孩嫁了个这样不近人情的丈夫，周围的人都替她难过。婚姻影响你大半辈子的生活，所以婚前一定要弄清楚自己的“婚姻偏好”，睁大眼睛，慎重挑选自己的另一半。

婚恋法则

选择什么样的人

择偶的关键在于——两人是否合适，是否有幸福潜力，能否长相厮守，等等。以下一些问题尤为重要。

1. 嫁老的还是嫁小的

如果你的男友心理年龄只有十几岁，绝不能嫁，这类人多轻浮急躁。这里的“老”或“小”不是指实际年龄，是指心理年龄与生理年龄的结合。

2. 嫁有钱的还是没钱的

嫁有钱但吝啬的，你受苦；嫁没钱的，穷得揭不开锅，你还得受苦。所以，你应该嫁愿意为你花钱的！

3. 多次离婚的男人能不能嫁

离婚并不代表对方人品不好，但是，离过多次婚的男人是根草，因为他视婚姻如游戏。

4. 嫁什么性格的人

嫁人嫁的是性格，其他的一切都会离你远去，相似的性格好过互补的性格。

5. 嫁人要不要讲生肖星象

不必要！但在中国传统观念影响下，人们喜欢讲究婚嫁中的生肖，其实这是一种带有迷信色彩的婚嫁文化，你可以了解一点儿，但不可套用。

6. 什么样的男人是大忌，什么样的男人是大善

自私自利的男人是大忌，有责任感的男人是大善。

7. 花心的男人嫁不嫁

世上没有不“花心”的男人，却有“自制力”强的男人。

8. 嫁个有学问的还是没有学问的

能嫁个有学问的男人当然好，但学问不等于人品，最好找有共同生活理念的人。

9. 老实的男人嫁不嫁

老实的男人固然好，但要嫁那种思路敏捷的“老实人”。

花心男？走好，不送

爱情的路上，遇上浪漫又专情的男人恐怕是女人最大的运气，一些女人可能会遇上多情又花心的男人。花心男人假如屡屡得手，必然是有恃无恐越发猖狂，同时，越来越把你当傻瓜。所以，应尽早识破花心男人，以维护你的个人尊严。在这个问题上，女人绝不能心慈手软，姑息养奸。对这种男人，只需说一句——走好，不送！

无论如何，花心的男人是女人幸福的一大致命威胁，花心的男人带给你的不幸远远大于他带给你的激情享受。如果不幸被你遇上，基本的应对

之术是必不可少的。

1. 看他对你突然去他家的反应

如果他是个花心男人，他一定不情愿带你登他家的门，即使你要求他这样做，他也会支支吾吾地想办法拒绝。你可径自到他家楼下，打电话给他，解释说出来逛街恰巧路过，然后要求上门拜访他的父母。如果他惊慌失措地拒绝，那一定是心里有鬼，即使不是花心，也是难以信任的，和他交往还是小心为妙。

2. 看他在公共场合对你的态度

花心男人只会在和你独处时百般亲热，甚至提出越位的要求，而在公共场合，他会装出一副谦谦君子模样，和你保持距离，更不会把你当作女友介绍给他的朋友。如果你们在一起时恰好遇到他的朋友，你应要求他为你介绍，注意他介绍你时使用的称谓及他的表情。此招若不灵，就找机会在他的朋友面前和他做一些亲昵的举动，看他的反应，要是他的朋友知道他和别的女人有染，他一定会狼狈不堪。

3. 看他加班、忙业务时究竟在哪儿

为了有时间和其他女人约会，花心男人经常谎称自己工作忙，需要加班，或者生意上有其他应酬。你可以打电话到他的单位，看他是否真的在忙工作。这件事也可以让你要好的朋友去做，这样更稳妥一些。如果结论是他说了谎，那你就需要重新认识这个男人了。需要指出的是，这一条务必慎重，仅凭本条是没法最终定案的。

4. 看他是否固定时间和你约会

花心男人往往要多边作战，所以，他会尽量固定和你约会的时间，这样才不会发生冲突，可以避免差错与误会。你可以选择一个你们不常约会的时间，不打招呼，突然出现在他面前。如果他一脸惊喜，说明他随时期盼你的出现；如果他露出尴尬或惊慌的表情，这就肯定有事了。

5. 看他的收支状况及消费的凭据

有些男人的花心很“费钱”，所以，即使他收入不是个小数目，仍会不时囊中羞涩，因而偶尔表现出与他的收入不相匹配的吝啬。你不要出言询问，只需默默观察，注意他的收入的去向。如果近期无大件的购物消费，而他的钱包却空得很快，就有必要查一查。或许，他的口袋里有消费的收据，若是那种特别适合男女约会的场所，真相不言自明。

6. 看他爱的意趣是否经常改变

男人很容易受身边女人的影响，从而选择不同风格的衣服，不同品牌的烟、酒等，一旦他突然改变了习惯，很可能就是他的身边有了别的女人。

你可以买一个吊坠给他，嘱咐他时刻都要戴着。如果他约会别的女人，他可能会摘下，戴着一个女人送的饰品去和另一个女人亲热，毕竟是一件挺忌讳的事，你只需静静观察。

7. 看他的手机状态及接听方式

和一个女人约会的时候，如果另一个女人打电话来，是一件令人头疼的事，所以，花心男人中的老手都会把手机的声音关掉，改为振动。

在和你约会的时候，如果他的手机没响，却一个人溜到阳台上去接电话，他多半有不可告人的事情。留心一下他手机上的留言与电话，或许会有所发现。

8. 看他身上残留下的香水味道

女人一般都有自己钟爱的香水品牌，所以，如果有一天他的身上残留着你认为陌生的香味，那你就要注意了。这是一种很实用的鉴别方法。

花心男人很注意隐藏身上留下来的其他女人的香味，如果你发现他违反一贯的懒惰习惯，把刚穿了不久的干净衣服换掉，或者干脆放到洗衣机里去洗，那就可能有问题了。

9. 看你周边女人对他的关心度

据调查，花心男人常常与跟自己女友相熟的女人鬼混。他们很狡猾，有时候伪装得很隐蔽，令女友无从发现，但女友从自己相熟的那个女人身上却往往很容易发现破绽和漏洞。女人都有一种独占欲，和别人分享同一个男人是一件挺痛苦的事，所以，花心男人的女友会在一些细节上发现，相熟的那个女人对他细心而温柔，对自己却躲躲闪闪，甚至抵触。没有比这更能说明问题的了。

婚恋法则

淘汰“次品男”

虽然说爱情是感性的，有时候甚至是盲目的，但总有某些类型的人和婚姻模式需要更加谨慎地对待。以下几种类型的“次品男”就需要女士们注意了。

1．“推崇”无性婚姻

多年前，电影导演杨某认识了歌手蔡某。很快，他被蔡某的气质吸引了。在他狂热的追求下，蔡某坠入了情网。一段时间之后，两个人结婚了。可是，被爱情蒙蔽了的蔡某没想到这桩婚姻从一开始就预示着危机和不幸。

杨某在结婚的时候提出了一个“霸王条款”——两个人可以在一起，但必须保证无性。他对蔡某说，两个人在一起，要像柏拉图那样进行精神上的交流，不能让这份感情掺入任何的杂质，不能受到任何世俗的约束和亵渎。蔡某被他这种崇高的爱情精神感动了，答应了他的要求。于是婚后两个人虽有夫妻之名，却并无夫妻之实。然而，无性的婚姻怎么能称为婚姻呢？蔡某与杨某多年的感情，最终换来了伤害——杨某找了另一个女子。他在跟别人享受美好的时刻，却忘记了跟蔡某的高尚约定。

夫妻是以爱为前提，以性为主体的。忽视了“性”的女人，在婚后的生活中只能独自受苦。

2. 是否有暴力倾向

电视剧《不要和陌生人说话》充分展示了一个有严重暴力倾向的男人是怎样折磨自己的妻子及身边人的。

在厦门担任胸外科专家医生的安嘉和因为有暴力倾向，曾将自己的前妻打到腿骨骨折，前妻不堪毒打，被迫自杀。后来，他又跟梅湘南结婚。同样的悲剧再次上演，他不停地毒打梅湘南，一次又一次地伤害她却又不肯放她走。软弱的梅湘南不想破坏婚姻，总是忍耐，可是她的忍耐只会让她更加痛苦……

以安嘉和为代表的这类男性，他们有着斯文的外表，在外人面前表现得很儒雅，可是回到家里就会对老婆拳打脚踢，真是虚伪。

“新大男子主义”的迷惑性

传统的大男子主义，在社会中已经越来越没有“市场”了，因为没有哪个女人能忍受家中丈夫的独断专横，以及单位男同事对女性的挑三拣四。但是，就像病毒一样，旧的病毒被克服了，新的病毒又会滋生。“新大男子主义”是一种新生病毒，虽然温和一些，但并未发生根本性变化。

下面就是“新大男子主义”的一些主张和宣告。

男女平等不是男人做什么女人就做什么，这是“男女一样”，不是“男女平等”。平等的本质是什么？是被尊重，被看得起，拥有同样的权利，等等。

男人跟女人客观存在的性别差异，造成其生理上、体力上、心理上的差异。这些差异是客观存在的，因此男人和女人在社会上合理分工，担负起不同的职责，是最自然不过的事了。女人担负着孕育人类后代的责任，在社会分工上处于被保护地位，比如“让女人远离战争”，并非歧视女性，而是为了保护女性。脏活、累活、危险的活，由男人来干更合理，可女人有时为什么不领情呢？为了争取男女平等，证明女人同样有权利、有能力吗？女人当然有权利、有能力，而且干了就一定要同工同酬。其实，很多时候，男人认为是为了呵护女性、关爱女性，才不提倡男女做同样的工作。

“新大男子主义”比传统大男子主义进步多了，他们至少是站在关照女性的角度上，宣扬自己的大男子主义，有相当的迷惑性。

不过，再看看他们后面的主张，就会发现有些不对劲了。

“新大男子主义”的男人不希望女人成为强者，不希望女人发展自己的空间和事业。如果要发展，也可以，那是在女人没有可依赖的男人，被逼到绝境的时候。

他们认为，如果有年轻的女孩子立志要做个女强人，像武则天那样，他们会鄙视她，瞧不起她；如果是像花木兰那样为环境所迫，替父从军，从而成为女中豪杰，就值得敬佩。如果她有一个很爱她的男朋友，或者有一个能养得起她的老公，又何必强出头，做什么女强人呢？

他们说，现代社会的现实是这样的：夫妻俩都忙于在外打拼，都没有时间照顾家庭，这样一来，不仅大人的生活过得仓促将就，孩子也吃不好、长不好、教不好。他们举例说，有一位优秀女教师，多年来为社会培养了大批优秀人才，最后自己的孩子却因为缺乏管教走上歧途，这就是妻子未尽到对家庭的责任造成的。

总之，“新大男子主义”将家庭生活不愉快、孩子教育失败完全归咎于女人太爱事业。事实上，这种主张的本质即是希望女人做男人的附属，只是形式有所变化。所以，对于女人而言，“新大男子主义”外表甜蜜，实则苦涩。

大多数女人，婚前并没有体验到“新大男子主义”的厉害，到婚后才知道“新大男子主义”害人不浅！最典型的是丈夫在家中总爱说一不二，即便是自己的认识和做法不对，也要坚持自己的那一套，容不得别人有半点儿意见。这样，夫妻就难免兵戈相见。有时吵得凶了，摔盆打碗也是常事。一位颇有经验的女性说：“碰到‘新大男子主义’，你千万别和他硬碰硬，反弹琵琶倒能收到意想不到的效果……”

有些男人的“新大男子主义”还不太严重，性格也还可以，因此还有挽回的余地。至于另一类看似文质彬彬，实则内里专横到极点的大男子，那就“无药可救”了，女人应该早些远离他们。

婚恋法则

选择一个可以给你带来幸福的男人

一个能够给你带来富裕生活的人，一个可以在事业上与你共同奋斗的人，一个精神契合的人……哪个人才是最佳的选择，能真正给你带来幸福呢？

1. 把另一半放在与自己平等地位的男人

一个尊重女人的男人，不管何时何地，都懂得考虑你的权益，以你的幸福为前提，给你安全感，不会借爱情和婚姻之名，行剥削和迫害之实。会尊重，才懂得信任。首先，他必须是一个不重男轻女的人，还必须是一个把你和他自己放在平等地位的人，他应该认为，你不比他重要，但也不比他不重要，懂得尊重你的人生目标及生活乐趣。你快乐，他就会开心；他不开心，不能造成你不快乐。

有些女人以为大男子主义者可以提供一对安全的羽翼，可以保护自己。会保护女人的男人，不应该与大男子主义相混淆，大男子主义是指一个会重男轻女的男人。如果他重男轻女，一定会在热恋时期过后恢复本性，做决定时可能忘记考虑你。一个懂得尊重别人的人，至少是一个思路清晰的人，这个时代讲究沟通，必须找个思路清楚的人，才能进行良性沟通，遇到问题才可能得到更好的解决。没有尊重，一切的理想条件，都只是壁画、雕饰、泥土、砖块、水管，如果缺乏支撑屋顶的梁木，爱情便脆弱得不堪一击，更别提遮风挡雨。若你真的想要考验他对你的爱，老实说，问他爱不爱你，不如问他有关生男生女的问题，这样更能够了解他是不是你的理想对象，你在不在他眼里，他会不会尊重你。一个好爱人的基本品性，是尊重对方。

2. 和你人生道路一样的男人

每个人的人生观不同，所以走的人生道路也不同。如果你生来淡泊名利，只想有三两知己、一本好书，那你也得有一个和你持同样人生观并欣赏你的人共度一生。同样，生活理念也得一致。有两对夫妇，一对奉行享乐主义，对所有的娱乐和旅游项目都积极参加；另一对是谨慎的节约主义者，为防老，为育子，连坐车都要考虑是地铁省钱还是公交车省钱。两对夫妇各得其所，日子过得都很甜蜜，假如换一下组合……后果不堪设想。

萝卜青菜，各有所爱，一定要找一个和你人生理念一致并欣赏你的人。千万别找错人，要知道，你在一个人眼中的优点也许就是另一个人不能接受的缺点。

3. 浪漫而不多情的男人

女人大都追求浪漫的生活，找一个能够给自己的生活注入浪漫元素的人，生活再累再苦，都像生活在童话世界里。可是，浪漫不等于多情。多情的男人虽然体贴入微，让你饱尝爱情的甜美，但他们天生多情，像金庸名著《天龙八部》里的段王爷，见一个爱一个，对谁都那么不舍。到头来受伤的还是被他爱过的那些女人。

4. 让你感受到亲情的男人

理想爱人的必备要素就是，你能在对方面前牙不刷，脸不洗；你能把脚跷在桌上；你能放声大哭；你能说出心里的秘密。

你在他面前就好像在父母面前一样，不需要伪装，不需要克制，可以宣泄，可以放纵，有一个能让你平静而真实的时刻。

男版黛玉：对生活“有愁绪”

你正为屋外灿烂的阳光欢欣雀跃，心想“真是外出郊游的好天气”，他却在抱怨烈日当空，会晒伤他的肌肤；当屋外细雨绵绵，你正沉入“润物细无声”的美妙畅想时，他却在一旁嘟囔“屋里潮气好重，不晒太阳补不了钙”；你一个月拿着3000元的工资，在心里对公司充满感恩，月薪1万元的他却在一旁唠叨：“公司真抠门，每天才给20块钱的饭补。”

当你爱上的男人是个名副其实的男版林黛玉，你自认为踏入了浪漫的爱情国度，殊不知，你的人生从此由晴转阴，乃至风雨交加，每天不是被风吹得瑟瑟发抖，就是被雨淋成个落汤鸡。面对这样一个男版林黛玉，女人只想逃之夭夭，才不会想做一个女版贾宝玉去讨他欢心。

但是，世界上就是有那么一些女人，她们觉得忧郁的男生深沉，内涵丰富，具有大智慧；她们认为忧郁的男生不会盲目乐观，看事情想问题都不肤浅，跟他们在一起不会吃亏……

如果现实中的男版林黛玉真能如她们所想的那么简单，生活就算不是艳阳高照，至少也是个亮堂的多云天。可惜，梦想终究只能是梦想，一旦真正接触到男版林黛玉的生活，小女人们就会发现：他们只是活在想象中的完美呆板的纸片人，绝对不是现实生活中真正有想法、有抱负、有作为的待嫁男。到底在男版林黛玉忧愁的外表下，隐藏着哪些让小女人大惊失色的劣根性？

1. 典型的悲观主义者

要问“世界末日论”的忠实粉丝是谁，答案非男版林黛玉莫属。他们是典型的悲观主义者，凡事都往坏处想，如果事情发展顺利了，他们还会觉得难以置信，有时候甚至会故意制造一些意外来促使事件朝着难以收拾的局面发展。因为当事情越变越坏的时候，他们才会觉得这是人生的常态。选择这样的男人，也就是选择了泪如雨下的忧郁生活。

2. 坚决的怀疑论粉丝

男版林黛玉对世界上的一切都持怀疑态度，包括他自己。工作上一旦遇到稍不熟悉的事情，就会觉得心里没底，担心自己会失败，即使别人给予鼓励和称赞，自己也会认为是假话。生活上也觉得自己处处不如别人，看别人的生活总是很和谐幸福，看自己总是有那么多的不如意。听到别人赞美自己，还会觉得那是别人的哄骗。和一个整天疑神疑鬼的男人生活，谁受得了呢！

3. 他们不懂：无聊不等于深刻

男版林黛玉看似深刻，但很多时候只是把无聊当深刻。不给生活好脸色的人，也得不到生活的青睐。如果他能不断学习，就能明白他所有的悲观想法在知识面前显得多么荒谬可笑。和这样内心空虚无聊的男人生活，只能增加你的痛苦而非快乐。

4. 在抱怨的世界里难以自拔

男版林黛玉的世界，是一个充满抱怨的世界。在他的世界里，全世界都欠了自己，他要声讨全世界。在这个抱怨的世界里，他们身陷囹圄却不自知，所以他们不懂得对身边的人抱有感恩之心。当你日复一日地听他的抱怨，把自己当作是他的情绪垃圾桶时，有没有想过，他也会在你背后向别人抱怨你。就算你再低声下气，再体贴入微，再任劳任怨，他也能从鸡蛋里挑出骨头来。这样的炼狱，哪个女人能沉醉其中？

现实生活不是浪漫小说，也不是偶像剧，嫁给泪水婆娑的“黛玉哥哥”不见得比嫁给每天傻呵呵、笑嘻嘻的贫嘴张大民要快乐。女人寻找爱情就是为了幸福快乐，而不是为了在忧郁的苦海中沉沦。还是让你的男版林黛玉在电视剧中生活吧！

婚恋法则

不可错过的优质男

择偶时，下面这些类型的优质男性是典型的“潜力股”。

1. 一个优秀的人生导师

事业有成、心智成熟、生活阅历丰富的男人才能称为优质男。这样的男人不仅适合做生活伴侣，更适合做人生导师。例如，中国姑娘邓文迪嫁给传媒帝国的总裁默多克，就向他学习了不少传媒业的经验和商业推广方面的知识，为其成功进入传媒产业发挥了很大的作用。

2. 化解烦恼，为女人出谋划策

如今的社会，女人也和男人一样在职场打拼，快节奏的生活让女人压力倍增，有时候在职场遇到挫折，女人就更希望有一个男人在身边给自己坚实的肩膀依靠，然后帮自己分析利弊，指点迷津，出谋划策，化解烦恼，重拾笑颜。

3. 能提升女人的品位

优质男之所以“优质”，是因为他们自身有许多的性格闪光点，比如宽容大度的胸怀、追求上进的精神等。在职场里，他必定是个敬业的员工；在家庭里，他孝顺父母，关爱兄弟姐妹；在公共场合里，他尊老爱幼，谦让别人……与这样的人一起生活，天长日久，女人渐渐就能惊喜地发现，自己的品位也在无形中提升了许多，这就是潜移默化的力量。

4. 志同道合的伙伴

志同道合，拥有共同的兴趣和人生目标，是一段爱情开始的基础，也是一段爱情持久的法宝。优质男的爱好兴趣大多广泛，和你的共同点会比较多，也容易建立起两人的兴趣爱好，找个优质男，等于找了一个志同道合的爱情伙伴。两人可以共同完成彼此都感兴趣的事情，不用再担心枯燥无聊。喜欢下棋的棋逢对手；喜欢饮酒的可以小酌怡情；喜欢看影视剧的可以一起窝在沙发上，从天亮看到天黑，全心享受二人世界。

5. 给女人安逸、稳定的生活

有责任心，是优质男的首要条件。一个优质男，能给女人提供安逸和舒适的生活，与其共同分担生活中的困难和苦痛，无论何时，他都能给女人一个温暖的怀抱。无论外界的诱惑多么大，他都具备强大的免疫力，能专心一致地爱自己的女人。

6. 提升女人的社会地位

物质环境和精神环境的双优越，让优质男的社交圈子较为广泛，他出入的场合都具备一定的档次，而女人跟随他出入这些圈子，也无形中提升了自己的社会地位。

帅哥你好，帅哥再见

爱美之心，人皆有之。如今，随着造星运动的展开和追星狂潮的涌起，越来越多的女性表现出对帅哥的迷恋和痴狂，用现在的说法就是“小鲜肉”。2001年，电视剧《流星花园》一播出，剧中的F4就让无数女人为之疯狂。韩剧中的花样美男更是层出不穷，这些花样美男已经成了韩剧中一道亮丽的风景线。《爱上女主播》的张东健，《蓝色生死恋》的宋承宪，《冬季恋歌》的裴勇俊，《我叫金三顺》的玄彬，《来自星星的你》的金秀贤，《太阳的后裔》的宋仲基……

当这股热潮席卷而来时，许多女性在择偶标准上会加重对外表的考量。她们在头脑中像偶像剧一样规划着自己的梦幻恋情：他应该高大，能够让我小鸟依人般地依偎在他怀里；他应该帅气，能够让我成为所有女人嫉妒的焦点；他应该优雅，举手投足都散发出贵族气质；他应该会打扮，衣着发型永远紧跟时尚潮流。有的女人说，只要能够嫁给帅哥，哪怕他是一个木头人，也会觉得每天都心满意足。

其实，小鲜肉也分为许多种，有良品亦有次品，不能一概而论。发现一个小鲜肉，你需要仔细考量他的属性和分类，预先判断出他是否适合在你的爱情花圃中栽植。当你发现你身边的小鲜肉表现出了如下两种“毒性”时，还是放弃栽植他的念头吧。

1. 孤僻自闭

如果你遇见的那个小鲜肉从小就生活在富贵家庭，受到父母的溺爱，尤其是受母亲的影响较深，性情偏阴柔深沉，样貌清秀乖巧，为人时常比较孤僻和自闭，不大喜欢与人打交道，他就是典型的“温室花朵”。女人选择这样的人做爱情伴侣，就要做好像一个母亲爱孩子那样去关爱他的准备，而无法奢望他能为你分担什么。

2. 缺乏责任心

“只要曾经拥有，又何必在乎天长地久”，这是一些小鲜肉的爱情观。他们是一等一的梦想家，是口才一流的演讲家，是充满激情和灵感的艺术家，却不是一个脚踏实地的实干家。对于爱情，他永远抱着尝鲜的心态，他不能给你想要的稳定和幸福。

小鲜肉的美貌再蛊惑人心，也有保质期，最终将在岁月中消耗殆尽。爱美并没有错，但你不能只看一个男人英俊潇洒的外表，还要关注他内心的美。如果他徒有光鲜亮丽的外表，却没有与之匹配的深厚底蕴，那他也只是一具美丽的躯壳罢了，给不了你希冀的幸福爱情。

婚恋法则

找一个“3F”男

3F，跟金钱和地位没有关系，而是个性特质。

1. 风趣——Funny

Funny是最不可或缺的，日复一日的生活和工作带来的压力让女人更想拥有一个有趣的男人，更希望找到一个能带给自己开心和浪漫的男人。

张峰就是凭借自己的风趣抓住了爱情。某天，他在街上偶遇一美女，眼看美女就要走掉了，就是找不到搭讪的机会，结果他冲上去脱口而出：“小姐，这块砖头是你掉的吗？”女孩大笑不已，张峰也就凭借这样风趣的搭讪敲开了爱情的大门。

2. 无畏——Fearless

小S在为某创刊号拍杂志封面时曾说：“大S谈过太多让她变成‘宅女’的感情，无论是蓝正龙还是周渝民，没有男人可以陪她去做她想做的事情。只要一恋爱，他们就成天待在家里。”Fearless，即无畏于世界，对外界有探索精神，希望接触和尝试新鲜事物，对前沿信息有很快的消化吸收能力。这种开放的心态，是一种能把“日子”过成“生活”的品质。

3. 洋派——Foreign

所谓“洋派”，是在工作之外，懂得花钱去享受一些舒展的生活方式，比如参加派对、品尝美酒、打网球或高尔夫球，偶尔去私人会所，去郊外晒太阳，邀约朋友外出度假，等等。他们喜欢的女人也同样会享受生活。许多女人都喜欢男人潇洒的洋派生活作风，认为它是浪漫、潇洒的体现，找一个这样的男朋友，爱情生活中就会充满惊喜，幸福就会在不经意间弥漫。

“哭有用的话，还要警察干吗”

有些女人对爱的免疫力很差，男人对她些许的好就让她看不清真相，总是被哄得很高兴。而当她真的投入这份感情的时候，会发现对方的好都是假象，最终被伤得体无完肤。

有人说，真正爱你的男人，只可能在你一个人面前流眼泪，当你触摸到它们时，也触摸到了那颗只为你而跳动的心。但是，并不是每个男人的眼泪都是那么纯洁的。

不少情场老手的泪只是用来哄骗女孩子的陷阱，都说英雄难过美人关，美人最难过的也是“英雄”的眼泪关。因为一些女孩的内心都是很容易被感动的，都以为男儿有泪不轻弹，看到男人流泪就以为是对自己动了真情，那一瞬的感动就足以让自己的心莫名地沦陷了。

不幸的是，女孩子的天真和感动往往被很多感情骗子利用。

原本她并不爱他，但是他在追她的时候是双膝跪在地上求她嫁给他的，并且含泪对他说：“请你嫁给我吧，如果你不嫁，我今生就不会再娶了。我真的很爱你，只要你答应嫁给我，我以后肯定对你好……”她开始心软了，因为这是她第一次看到一个男人在她面前哭泣，她觉得一定是发自内心的。心里的防线慢慢崩塌，她鬼使神差地接受了他。

于是，她嫁给了他。也不管他的工作能力差，家境与自己有差距，对身边的朋友恶劣，更不管别人怎么诧异地看她，她只想他们能超越一切世俗之见，像两只小老鼠一样，笨笨地相爱，呆呆地过日子，拙拙地依偎，即便大雪封山，还可以窝在暖暖的草堆里紧紧地抱着咬耳朵。可事实并不是她想象的那样美好，结婚还没几个月，那个口口声声说爱她，要一辈子呵护他的男人就按捺不住本性到处拈花惹草了。

很多女孩子总是天真地以为眼泪就可以代表一个人的真心，可现实是很残酷的，真实往往比想象要残酷，从梦里跌进现实的万丈深渊更是痛不欲生。

小菲很爱她的男友。在听说了男友狂追另外一个女孩的绯闻之后，她的第一反应是匪夷所思，第二反应是难以置信。于是她故意和他说分手，想测验他是否真的在乎她。他哭了，哭得很伤心，她相信了他。

结果，没过几天他们就分手了，因为他的男友在一个星期之后就追到了传闻中的那个女孩。这时她才知道，眼泪只不过是缓兵之计而已。退可守，进可攻，通过眼泪将现任留在自己身边，继续享受她的好，如果追不到的话还不至于沦落到两边都没人要的悲惨境地。如果追到了更好的，就立即把小菲给甩了。女孩子天真没关系，但是千万不要过度天真，那种以为男孩子流泪就是在乎她，就产生欣慰和幸福感的女孩应该提高警惕。人们常说，女人的眼泪是征服男人的利器，很少有男人招架得住，其实男人的眼泪更厉害，但是我们绝大多数人都一厢情愿地以为男人是有泪不轻弹的。

其实，男人也是人，流泪也是身体的机能之一，随时都可能释放。聪明的女人不要太相信男人的眼泪，那很可能只是一个陷阱，一种表象，要相信自己所看到的事实、所感受到的理性。当他流泪的时候，千万不要看他的眼睛，除非你对自己的心肠硬度有把握。

不管是男人对你的好，还是男人在你面前流的泪，女人都要理智地对待，否则，到了后悔的时候就晚了。就像《流星花园》中道明寺的那句——“道歉有用的话，还要警察干吗”，改一下也是可以成立的——“哭要有用的话，还要警察干吗”！

婚恋法则

警惕“垃圾股”

感情的道路上，需要真心，但同时也需要戒备心。尤其是对于下面几种类型的男性，一定要谨慎思考再做抉择。

1. 感情路过于坎坷的男人

感情路过于坎坷的男人，由于受过伤害，一般很难再动真感情，此时的婚姻对于他来说，或许更多的是一种形式。

2. 自觉怀才不遇、牢骚满腹的男人

这样的男人看似傲气十足，表面看起来很优秀，骨子里却可能是一个不负责任的人。在现实生活中，他们往往高不成低不就，做不出任何成绩，总是诉说自己怀才不遇，壮志难酬。你若嫁给他，除了天天要听他发牢骚之外，还得一个人独自担起养家的责任。

3. 比自己弱势的男人

男人需要崇拜，而女人需要宠爱，一个女人只有在比自己强大的男人面前，才会有小鸟依人的依赖感。如果女人比男人强势，就会催生男人的自卑感，会让他感觉女人打心眼儿里瞧不起他。一旦他有了发家致富的机会，这种男人不会想到“一日夫妻百日恩”这句话，更不会记得女人和他同甘共苦的日子，最先做的事情就是“休妻”。仿佛他所有的付出和奋斗就是为了摆脱让他喘不过气来的女人，然后再找一个对他仰视和崇拜的“小女人”。

4. 在家庭暴力中长大的男人

这样的男人极有可能带有暴力倾向。暴力男人，也许有的时候会对你百依百顺，但是也可能打得你遍体鳞伤，不是拳打脚踢，就是扇你耳光。这种男人绝对要不得。

5. 事业落魄的离婚男人

这种男人不仅在感情上失败，在事业上也处处碰壁：他们不是装得老实忠厚，就是表现出为情所伤的可怜样，千万不要相信他怀才不遇的鬼话，更不要听他讲述前妻的不是。这种男人不仅在事业上没有成就感，而且可能缺乏一定的责任感和上进心。

第九章
预备——所有童话都是写给未婚男女看的

再喜欢的人，也得掂量掂量

兰玲是一个条件非常不错的女人，漂亮有气质，在一所中学教书，家庭条件也很好。从大学到参加工作，很多男士都追求她，希望能够把她娶回家。最后，进入她择偶“决赛”的是两个完全不同类型的男人。

其中一位是个医生，供职于一家全国著名的医院，前途无量，性格又好，是个找不出一点儿毛病的人。另外一位是个公司职员，就职于大公司，相貌俊美，为人聪明伶俐，可是，他家里的经济条件不太好。兰玲陷入了迷茫和烦恼中，虽然从感情上兰玲更喜欢公司职员，但从现实角度考虑她觉得还是选医生更好一些。

周围人都觉得，比较现实的兰玲最终会选择医生。但是，令人惊奇的是，她最终选择了公司职员。

在一段轰轰烈烈的恋爱之后，她和公司职员终成眷属。结婚至今已过数年，她很满意自己的婚姻生活，过得非常开心。既然条件比爱情重要，那么兰玲为何最终选择了爱情，她却依然得到了幸福？因为兰玲虽然在爱情方面放了很大的筹码，但是，更重要的是，她按照现代人生活的“正确公式”经营了婚姻。

比如，当你想跟某人结婚，你的动机为100。其中男人的自身条件占40，爱情至少要在20以上，剩下的40就要由爱情或者自身条件来填满它。条件占10，爱情占90的婚姻，经不起爱情变淡的危机；条件占90，爱情占10的婚姻，则让双方都感觉不到生活的乐趣；条件占40，爱情占20的婚姻，虽然满足了最小限度的前提条件，但是，没有足够满足任何一种理由，这样就使双方对婚姻失去信心。

兰玲选择的婚姻，条件占30，爱情占70，处于充分、必要条件都容忍的范围内，所以她能顺利地开始婚姻生活。她认为，她真的非常爱她老公，所以，她会努力克服老公相对不足的条件。

天底下很少有人能完美地满足条件和爱情这两种要求。可是，你必须努力寻找一个在条件和爱情之间达到平衡的人。只有这样，你才有可能在将来营造出更好的婚姻生活。这是非常重要的，也是你这个当事人的权利。谁都没有权利说你“挑三拣四”。

要是碰见一个喜欢的人，就在心里掂量掂量，不要有什么负罪感。看看他的条件能不能弥补你们俩稍微欠缺的爱情，或者你和他的爱情是否能弥补他相对不足的条件。

婚恋法则

婚前考察

许多女人在结婚之后抱怨连连，说自己真是瞎了眼，怎么会和现在的丈夫结婚。其实，这样的抱怨一方面是由于一时无法适应恋爱与婚姻的落差，更重要的一方面是在婚前并没有彻底了解他。怎样才能了解一个男人，分析他是不是可以托付终身的对象呢？不妨对他进行全方位的考察。

1. 考察男友的生活习惯

你得去他家一趟，看看他的生活方式和生活用品。他家里摆满书还是挂满球赛优胜奖状？是否摆着与家人的合影？不经消毒你敢用他的卫生间吗？家里凌乱不堪吗？

可能他一时没空收拾房间，但如果他就是不爱整洁，那他将很难改变恶习。你必须做出决定：能与这样的男人生活在一起吗？

2. 考察他的朋友

你不可能喜欢他所有的朋友，但如果他的大多数朋友你都不喜欢，这就意味着他不适合你。男人的朋友圈最能反映他的品位。男子结交一些女性朋友也不是坏事，这有助于他理解女性的弱点和特点，表明他能与异性交流。如果他只有女性朋友而没有男性朋友你就要当心了，极有可能，这样的男子时常感到其他男性的威胁，他只有在异性面前才能体验到自信。

3. 考察他的心地

你可以在某次约会时带上亲友的孩子，他如果嫌孩子麻烦，拒绝对孩子亲近，那他可能不会成为一个好父亲。如果他非但不讨厌小孩，还乐于与小孩交谈甚至俯身听孩子说话，趴在地板上与小孩一起游戏，这个男人也许会成为一个好父亲。

4. 考察他的守时观念

约他8点会面9点才到，说明他没把你放在心上。他觉得自己的时间比你的时间更重要，这实际上是他缺乏对你的尊重。

5. 考察他的谈吐

在自己女友面前充满温情地谈自己的家庭，这种男人最能打动女士，他希望你与他共享欢乐分担痛苦，这将是可靠的伴侣。只顾滔滔不绝，不顾你是否感兴趣，这个人比较自私。还有一类男人喜欢对别人品头论足，看不起任何人，听信传言，甚至对别人的遭遇幸灾乐祸，这种男人趁早离他远点。

6. 考察他的言论

讲女友坏话的男人靠不住。既然曾经相爱，为什么要诋毁其名誉？尊重自己以前的女友，才是大度的男人。如果他总是在你面前说前女友的坏话，说明他仍想念她，旧情难忘。

7. 考察他的家庭

对母亲不好的男人，你别去亲近他。男人对母亲的态度某种程度上能说明他对女性的态度。尊重母亲的男人，他才懂得尊重自己的妻子。如果男人过分依恋母亲，言听计从，很可能有恋母情结，就容易失去男子汉气概。

8. 考察他的金钱观念

有的男人总是抢着付账，这并不能证明他大方，反而表明他想控制女友；而吝啬的男人、小气的男人在情感方面，也注定斤斤计较。至于挥霍无度，经常透支，甚至负债累累的男人，你千万不可与他交往。

9. 考察他的工作态度

从一定意义上讲，男人对工作的态度就是对生活的态度。凡是在工作上稍不顺心就跳槽的男人，几乎可以肯定有朝一日如果夫妻关系出现一点点挫折，他也会一走了之。

10. 考察他的精神状态

爱讽刺别人的男人其实是借贬低别人以抬高自己。这类男人缺乏细微的情感，心理不健康。还有些男人无缘无故发火，有时冲着电视节目喊叫，有时对餐厅服务员也非难。他可能在精神方面潜藏着隐患，有发展成抑郁症的危险。

孔雀女PK凤凰男：咋不上天呢

凤凰男，近年来十分流行的一个词，指的是出身贫苦，通过长期的奋斗，寒窗苦读考上大学，定居城市，并且从此有较丰厚的收入和令人尊敬的社会地位的男人。他们就像凤凰一样，经过浴血重生的艰难过程，才在最后由开始时的穷小子，迈入了城市中产阶级的圈子。

而孔雀女则真真正正是在城市中的优渥家庭成长起来的独生女。她们从小受到良好的教育，也享受着比较充实的物质生活，被家人很好地保护起来，平时只接触到家庭和学校两个安全的环境。她们或许没有娇生惯养，但一定没有吃过苦。她们习惯了城市轻松安适的生活环境，不熟悉更底层的世界。

但就是这样出生背景、家庭条件、个人性格迥异的两类人，如果互相吸引又会擦出怎样的火花呢？凤凰男吃过苦，懂得珍惜城市的生活；他们懂得要靠行动改变命运，往往勤劳肯干，踏实隐忍；他们渴望过上好日子，会用勃勃野心推动行动；他们从小看人眼色，尝过世态炎凉，更加知道察言观色。而孔雀女从小不需要劳动，在皮肤和面容上都保养得更加出众；她们学习过诸多才艺，才华出众；她们对人生有自己的规划和意见，比较独立，也很有主见。

从电视连续剧《新结婚时代》开始，凤凰男和孔雀女的搭配就成了备受关注的婚姻形态之一。“富闺女”嫁了“穷小子”，难道就真的会像电视剧里那样矛盾重重吗？婚姻生活真的必须门当户对吗？很多夫妻之间的矛盾，是由骨子里的执拗造成的，不能轻易改变。

1. 如何处理钱的矛盾

孔雀女没有过过缺钱的日子。等到开始工作了，不仅有父母的接济，还有自己的工资可以供她们买自己心仪的各种商品。但是，凤凰男从小就过着苦日子，深深懂得金钱的重要性，即使现在收入丰厚，也会存多花少，就是害怕重演缺钱的生活。所以，在金钱观上，这样的夫妻往往会有更多的争执和矛盾。凤凰男会说："你买这个皮包的钱够我老家人生活一年了。"孔雀女会说："你就是个土包子，有钱也不知道享受。"这样的争吵往往会像刺一样，戳得两颗心流血。

其实，金钱问题很容易处理，有一个折中的办法：两个人商量好，每人拿出收入的一部分作为家庭的储备基金，谁都不许动，剩下的个人花个人的，另一半不许过问。这样孔雀女依然可以享受购物乐趣，凤凰男也可以因为储备基金的存在而产生安全感。这样的约法三章，会给两个人都带来自由的空间。

2. 如何处理和亲戚之间的矛盾

城市里的人际关系比起乡村，总会比较淡漠。因为城市都是以小家庭的方式在发展，家庭利益是最大的。但是，乡村里家族利益比较高，那是一种面子问题，表现出的是一个家族的体面。所以，城里人相互之间借钱会还，请人帮忙会记着人情，彼此以礼相待，表现得就有点太过客气和冷漠。但是，农村人常常讲究豪爽热情，亲戚之间来往都更加随意，互相帮忙是应该的，谁都不必拘礼客气。甚至有可能借几万块钱给亲戚盖房子，他不提还，自己也不好意思要。人与人之间是亲密，但亲密得未免有些过热了。

因此，如何对待丈夫的乡下亲戚，就成了孔雀女最大的难题。倘若热情了，人家一再来打扰，自己又受不了；倘若冷漠了，又怕亲戚不高兴，丢了丈夫的面子。其实，这个时候如果自己怕麻烦，只要让丈夫出面全权代表就可以省去自己和他们打交道的诸多尴尬。用包红包的方式代替心意，虽然破费，但是省去了闲话，也省去了交往中的烦琐，所得的好处其实更多。

3. 如何保护他的自尊心

凤凰男在和孔雀女交往时，很容易会有自尊心受到伤害的感觉。城市身份给孔雀女带来的优越感，是潜移默化形成的。她从小便受到城市充足的资源所带来的好处，在舒适的大环境下更能够如鱼得水地享受生活。但有一些凤凰男总是感受到歧视，在相处过程中，“土”“俗气”“乡巴佬”这样的词总是会刺伤自尊，让他们感觉到低人一等，又不甘被轻视，像个虚荣的气球一样高高飘起，借大男子主义宣扬自己的威信。这又会让原本就反对大男子主义的孔雀女产生反感。

要改变这种状况，不仅需要凤凰男在城市中长期地适应和融合，也需要孔雀女的包容和理解。在这种组合的家庭中，妻子通常会是主导，但是如果能把这种主导权多放一些在丈夫身上，会让凤凰男更自信，也让两人由碰撞变为缓和，相互退让，商量着规划未来的家庭发展。这实际上对培养一个心态健康、地位平等的家庭是非常有帮助的。

凤凰男与孔雀女的婚姻，是中国社会转型期出现的一个典型现象。随着城市化进程的加快，大量农村人进入城市，这种婚姻出现的可能性越来越大。

结婚后双方都应该站在与对方平等的角度去思考问题，努力接受新的东西。如果能将两种不同的观念转换成彼此互补、相互加分的中间状态，一定会让婚姻更健康，也更美满和长久。

有爱就可以结婚？真是“傻白甜”

如果你问一对在订婚宴上满脸幸福的男女为什么要结婚，他们一定会回答说：“我们相爱啊！”这是许多“傻白甜”在婚姻选择中最容易犯的一个错误。越来越多的现实告诉我们，选择终身伴侣绝对不可只以爱为基础，这也许听起来不太正确，但其中确有道理存在。

的确，恋爱时爱情就是一切，但爱不是结婚的唯一基础，它是一个好婚姻的结果，有“心计”的女人不可以只用爱来营造一个终身的关系，为了得到幸福，你需要关注更多。如果你有心要寻找并拥有一个终身伴侣，这里有5个问题要问你自己。

1. 你们有共同的生活目标吗

你结婚后将和一个男人共同生活几十年，那是一段很长的时间，你们计划如何度过这段时间呢？一起吃饭、跑步？你必须和他分享更深刻、更有意义的事情，你们必须有共同的生活目标。在一段婚姻里一般会发生两种情形：双方一起成长，或者各自成长，半数的人是各自成长的。

2. 和这个人分享你的感觉与思想时，觉得安全吗

这个问题与你们关系的性质有关，“觉得安全”意思是说你能开诚布公地与这个人沟通吗？良好沟通的基础是信任，你会不会因为表达自己的感觉与思想而遭到处罚或伤害？有人对一个“会凌虐人的人”下了一个定义，那就是某个你害怕对他表达感觉与思想的人。对自己诚实点！确定你要结婚的对象是你在情感上觉得很安全的。

3. 他是个值得敬佩又很特别的人吗

如果对“好人”下一个定义，那就是常力争上游并做正确事的人，一般分为两种：一种是致力于个人成长的人；另一种则是寻求舒适生活的人。你会选择哪种呢？那种将舒适生活列为目标的人，会把个人享受摆在第一位。在与他走上红毯以前，你必须知道这一点。

4. 他如何对待其他人

处理人际关系最重要的一点是给予的能力。所谓的给予，是使他人快乐的能力。看看这个人是否很欢喜给予？想想看，他是怎样对待那些不需要对他们好的人的？例如，侍者、公车司机、清洁工等。他是如何对待父母和兄弟姐妹的？他懂得感恩吗？如果他对那个给他所有东西的人都不懂得感激，不要期望他会感激你。

5. 婚后你是否希望改变这个人

有太多女人犯了一个错误，就是希望在婚后“改善”自己的爱人。你可能希望爱人在婚后改变，不过如果你无法接受他现在的样子，那么你就还没有准备好要结婚。婚前你可以多用点“心计”去改变爱人，但千万不可强求，要尽可能客观地与爱人交流一些对婚后生活认知有帮助的问题。

很多人结婚后才发现自己选错了人，与其婚后后悔选错了伴侣，不如在婚前少一些对爱情的幻想，多一些现实的理智，为今后的婚姻生活加一份保障。

婚前性行为，女性要更谨慎

性生活应该是夫妻之间表达爱的一种手段，是夫妻双方爱情的升华，是人们满足生理需要、心理需要及繁衍后代的需要的必要途径。人们在和谐的夫妻性生活中享受到了极大的乐趣，这是健康的、正常的、必要的，也是夫妻双方的权利，为社会制度所认可，为道德和法律所保护。但是，如果把这事放在婚前做了，特别是对于女性来说，可能会给女性带来以下不良的后果。

1. 给心理带来极大压力

婚前性行为的发生，有时是女性主动提出的，但更多是男性要求的，女性在事前事后心理状态大不相同，它给女性造成的心理压力，如恐惧、自卑、冲突等接踵而至。调查发现，有27.3%的女性发生性行为后怕怀孕，21.3%的女性很懊悔，21%的女性惧怕名誉受损。在接受人流手术时，怕手术痛苦者占48.4%，不敢告诉家长者占17.3%，不在乎者占13%，手术后怕产生后遗症者占62.3%，怕失恋后不易再找对象者占20.7%，无所谓者占17%。

2. 可能造成怀孕的严重后果

男女双方发生性行为的直接后果是怀孕，这会给未婚女性带来很大的痛苦和生活上的困难。如果女性进行人工流产，既不利于身体健康，又是一个道德问题，孩子虽未出生，但毕竟也是一个生命。

3. 使恋爱关系出现不利于女性的发展趋势

发生性行为之后，一是双方吸引力比过去逐渐减弱。原以为两性关系很神秘，现在变得“不过如此”，过去的光彩、魅力显得不再夺目，不如以前了。二是一些保守女性再选择机会减少。有些男性在没发生性行为之前十分迁就女性，自女性“委身”于他之后，他便产生“她再也离不开我了”“非我莫属了”的想法，对女性的态度也不如从前了。也有些女性因为已把贞节交给他了，唯恐被抛弃，于是对男方一再迁就、容忍，即使发现他有较大的缺点，也可能将就成婚。三是使男方对女方的猜疑开始萌生。一部分男性总希望女友只信任自己，对自己开放，一旦与之发生关系，便可能开始猜疑女性：“她对别人是否也这样？”若女性过去有过男友，这种疑心就会加重，或导致恋爱关系中止，或导致婚后生活不和谐。

4. 会引起许多意外、矛盾和纠纷

婚前性行为可能造成未婚先孕、背叛、怨恨、报复、受到惩罚等许多后果，也可能会引起某些意外事故。

如有个女孩被“始乱终弃”后，和另一个男人结了婚，婚后由于内疚就向丈夫述说自己“受骗失身”的遭遇，年轻气盛的丈夫怒不可遏，于是就带上兄弟找那个人算账，在争执中刺死了那名男子，犯了故意杀人罪，被判死刑，而那个女人又得面临新一轮的痛苦。

恋爱的过程不是上床发生性关系的过程，而是两人在思想上沟通和感情融合的过程。恋爱就要发生性关系是人们对恋爱的误解，恋爱双方对婚前性关系一定要谨慎。

所以，为了以后的幸福生活，在现今这个复杂并充满诱惑的社会里，女性要保持清醒的头脑和明辨是非的能力。

婚恋法则

性爱上的错误信息

人们对于性爱有很多不同的观点，但其中有一些错误信息竟然被人认为是“真理”。现在，我们筛选出这些“糟粕”，以防大家步入雷区。

错误信息1：既然爱他，什么都可以给他。

有的女性说：“常规的爱不完整。真正的爱，应该体现出博大。既然爱他，那我什么都可以给他。”“爱就该给被爱者自由，何必等到结婚后。”“已经什么年代了？含情脉脉多没意思，我要走在历史的前面。”……

错误信息2：性能使爱情关系升级。

许多女性把“性”作为衡量爱情的尺码，认为只有性才能维持爱情、发展爱情。有人认为，婚前发生性行为是恋爱的程序化要求，是必经之路，提早发生发生性行为可以使双方早日确定关系，使爱情升级、深化。在这种性爱观念的支配下，她们过快地献出了自己的贞操。

错误信息3：性能维持婚约关系。

有一项调查表明，在发生婚前性行为的青年男女中，有90.7％是明确了婚约关系的，但因种种缘故，如无住房、经济困难、工作不在一起、不到法定婚龄等，迟迟不能结婚。为了维持这种婚约关系，双方经常发生性行为。

丽是淑女型的女孩，和男友恋爱两年，可是她还没到法定结婚年龄，于是和男友顺理成章地过起了性生活。当家人担心地对她说：“你还没有结婚就跟别人同居，要小心啊！”可她一脸幸福地对家人说：“同居能使我们结婚更有保障。”谁知结果却事与愿违。

错误信息4：性能使双方放心。

有的女性感到男友符合自己的择偶条件，是理想中的“好男人”，一见钟情，大有“过了这村没这店”的感触，在恋爱过程中表现主动。为了表示自己的真诚，有的女性便匆匆以身相许，有的为了不被男方抛弃，也采取了这种所谓“能拴住男人心”的既不成熟又不明智的举动。

错误信息5：发生性关系无所谓。

有些女性盲目崇尚西方的性自由观念，想冲破所谓传统性道德观念。有的女性说：“我们正面临时代大潮冲击，再理智的女性也会感到困惑。”有些女性认为：“既然已经成熟了，那么满足自己的欲望是生理需要。”有的说：“只要自己爱得快乐就行。”也有的说：“怀孕怕什么，性爱没有罪。”

在一次调查中，有32.67％的女性认为“贞操不很重要”，有19.7％的女性对性行为根本无所谓。观念一变，行为就随之改变。在她们还不能理智地驾驭生活之舟时，她们却过早地规划了未来生活的航线。

早婚PK晚婚：只是两种不同的生活方式

早婚与晚婚，哪种更好呢？这是许多未婚男女都喜欢问的问题。其实，这就等于问是米饭好吃还是面条好吃一样，没有哪个绝对好过另一个，关键只在于哪个更适合本人，而且，各自都有其长处和短处。

琳琳和乐乐是从小一起长大的好姐妹，两人从小一起上学放学，甚至读大学都选择了同一所学校，毕业后又在同一所城市找到了工作。不同的是琳琳一毕业就同大学时的男友走进了婚姻的殿堂，如今孩子已经上幼儿园了，而乐乐还是一个潇洒的单身贵族。

先说琳琳，因为结婚早，生孩子也早，琳琳现在已经从抚养孩子的劳役中解脱了出来。在之后的生活中，她能充分享受工作和个人生活的乐趣。每想到自己还要面临生孩子、坐月子，以及照顾婴儿的“重任”，乐乐现在就很羡慕琳琳。

琳琳虽然享受目前的生活，但觉得自己的人生也有些遗憾。比如，在花样年华里，她没有谈够恋爱，也没有与单身朋友们成群结队到处疯玩的经历。很多已婚朋友们挂在嘴边的“自己曾经辉煌的时代”，在琳琳这里是不存在的。的确，她因为早早解决了家庭问题和经济问题，获得了比较稳定的婚姻生活。“但是，既然早晚都要过婚姻生活，何不趁着年轻多享受享受自由的青春岁月呢？”有时候琳琳也会这么想。

乐乐在外企的工作稳定，而且还有晋升机会，工作日乐乐高效率地工作，到了周末，她或是享受一个人的咖啡书香，或是约上好姐妹一起疯玩，日子过得既充实又潇洒。乐乐自己认为，对于她这种追求自由的人，她对自己现在的生活基本上满意，可是毕竟乐乐年岁也不小了，每当家人或是朋友问到自己的婚事问题，乐乐就有些郁闷了。

分析琳琳和乐乐的心理，我们可以知道，早婚女人在心理上会产生归宿感。而早婚往往生孩子也比较早，不仅健康状况比较好，产后恢复起来也比较快。等孩子到了进幼儿园的年龄，妈妈可以没有后顾之忧地全力投入工作，而且因为年轻，稍加努力就可以跟上社会的发展步伐，更容易找到适合自己的工作。

女人等年纪稍大一些再结婚，也有很多好处。比如，女人对这个社会了解得多一点儿，在婆家就不会吃闷亏；另外，女人能把自己在社会生活中学到的经验，用于家庭关系的调整和维系上，更好地适应和经营婚姻；最重要的是，年纪稍大一些的女人更能看清男人的真实面目，而不会看走眼嫁给一个非常差劲的男人。

早婚与晚婚其实是两种生活方式的选择。如今这个时代，推出所谓的“适婚年龄段”似乎没什么意义了。因为大家都根据自身的状况来决定结婚时间。

别人恐高，你恐婚

恐高——一到高的地方就手脚发软，心里发虚，头脑发昏，而现在这个症状同样适用于某些快要结婚的人！

凡是看过朱莉娅·罗伯茨主演的卖座影片《逃跑新娘》的人，都知道剧情讲的是，一位年轻女子玛琪一直希望能有一个属于自己的家庭，但是又害怕婚姻，她曾经有3次在婚礼上因为婚姻恐惧症而逃婚。这虽是影片中的故事，但它却从侧面反映了现代社会中的结婚恐惧现象。究竟是什么原因使她们始终徘徊在婚姻的大门之外呢？调查发现，患有“婚姻恐惧症”的女子普遍存在着一些心理负担。下面就通过几个案例让大家认识一下恐婚女性常有的心理包袱。

1. 不敢担负婚姻的责任

可盈现在有一个各方面条件都很合适的男朋友，两人在5年的恋爱中感情一直很融洽，现在已经同居将近1年，男友多次催促她结婚，但她总以各种理由推脱。私下她向好友道出了她心中的忐忑，原来她认为一旦结婚就要对这个家庭承担责任，而这种对家庭的付出很有可能要牺牲自己个人的很多东西，这是她不希望看到的。

2. 担心婚姻成了爱情的坟墓

小丽是一个喜欢浪漫的人，在与男友的交往中扮演的是楚楚可人的公主角色。随着双方年龄的增大，双方的家长都在催促着，男友也已经做了很多的动员工作，但小丽一想到结婚，就会紧张、发热、出汗、恐慌、焦虑，甚至失眠。她说："婚姻对于我来说，是个很难迈过的门槛。身为女人，我最重视的是爱情，如果因为结婚而失去爱，我宁愿不要妻子的名分。"另外，她对婚后生活存在很多的疑虑：怕结了婚爱情就会被柴米油盐的琐碎小事取而代之；还有就是由于要进入一个新的家庭体系，她担心不能跟婆婆处好，不能适应新的生活；等等。

3. 重大事件的负面影响

兰兰为人热情和善，工作积极，男友一直对她呵护备至。但只要一听到别人谈起童年的快乐生活，她的眼神中就会流露出不可抑制的忧伤，而一旦面对男友提起的婚姻大事，一向温柔的她往往会变得暴怒并且烦躁不安。无奈，男友只好向心理专家进行咨询，专家告诉他这是由于兰兰在童年生活中有过创伤，而且与兰兰父母的婚姻状态不稳定有关。这些在她的记忆深处留下了难以抹去的印记，造成她现在对婚姻的恐惧心理。总的来说，不想结婚的女性往往只想到"嫁"所带来的负面影响，她们对"嫁"这种仪式的后果想得太多，恐惧"嫁"将会带来的那种生活。因为这种女人似乎早已洞悉了婚姻的种种无奈和悲哀，她们在未嫁前就能描摹出一幅"嫁"之后的生活图画。这多少有点像一则古老的外国民间故事中所讲的：一个少女去地窖取酒，上楼梯时不慎摔了一跤，摔碎了酒瓶，扎破了手。她忽然想到，倘若将来自己的孩子去地窖取酒时也摔一跤并扎破手，该有多可怕啊！想到这里她伤心地哭了起来。她母亲闻声赶来，一听说将来自己的外孙可能受伤，也哭了起来。随后来的外祖母也听说了“将来的不幸”，3个人哭作一团。

这个故事看似可笑，但它却正是那些恐婚女子们的普遍心理写照。所以，恐婚的女子往往觉得，与目前所承受的孤单寂寞相比，面对婚姻的无能为力会更让她感到恐惧。

而心理专家则将这种“恐婚”心理提升到了社会心理层面，他们认为这是一种很有代表性的现代社会心理疾病，因为现代社会生活千变万化，婚姻生活也随之变得更为复杂。另外，社会舆论对婚姻生活的负面宣传也使一些待嫁女性面对婚姻踟蹰不前，这与她们曾经梦想中的浪漫完美的爱情、幸福专一的婚姻相差甚远，故此焦虑恐惧也就在所难免了。

恐婚的女性应该说都是一些理想主义者，她们所期待的是一种完美的生活。而事实上哪一种生活都要付出代价，得失是不断相互转换着的，没有哪一种选择得到的更多，只是哪个对你来说更重要而已。很多女人之所以会对单身生活抱残守缺，是已经把这种生活的缺陷视为常态，因此婚姻生活就显得灾难深重。很多人为此推迟结婚，甚至宁愿独身，也不愿意“受罪”。

婚姻对于女性来说，就像是第二次投胎，但是因噎废食的想法并不可取，只会逃避的女性不会得到真正的幸福，重要的是学会如何正确经营婚姻，勇敢地面对可能出现的各种问题，和配偶一起找到最佳的解决方法。

婚恋法则

婚姻谎言

婚姻大事，不可儿戏，也不可极端。随着时代的发展，很多认知是应该被淘汰的。以下几种说法，就是现在很典型的“婚姻谎言”。

谎言一：女人学历越高就越不容易找到结婚对象。

在生活中，这种情况在女人二十出头的时候确实存在。因为这时高学历的女性往往在大学中读书，但是那些已经开始工作，或者已经完成了中专、技校学习的女性则会在家庭的安排下，选择婚姻，甚至已经抱上了孩子。

随着年纪渐长，高学历的女性从学校进入社会后，自身素质得到不断提高，也有了更多机会接触更优秀的男性，扩大了择偶范围。她们选择对象的机会和结婚的概率随之大大增加。而那些学历较低的女性，一旦失去了青春这项最大的资本，就会在择偶追逐战中渐渐处于下风。

要是理论分析还不能让人信服的话，有一项基于20世纪90年代中期结婚率的研究得出这样一个结论：拥有大学学历的女性与同龄但学历较低的女性相比，结婚年龄可能会晚些，但是结婚的比例更高。由此可见，社会正在向前发展，原来那种“高学历=老姑娘”的时代已经一去不复返了。

谎言二：经过婚前同居比直接结婚的夫妻婚姻更牢固。

现代人流行试婚，总以为这样就可以更早发现婚姻中的矛盾和罅隙，提早解除两人相处之中的障碍，也能够更早发现两个人是否有不可调和的矛盾而避免婚后再分手。婚前同居时分手，两个人都还未婚，还可以没有包袱地去寻找更合适的人。而一旦结婚之后再离婚，到时候两个人就都背负着“已婚”的头衔，也不利于继续寻找人生伴侣。

但是现在许多调查显示，婚前同居的夫妻在结婚后对婚姻不满意的程度更高，而且有相当大的比例最终选择离婚。其中一个原因就是，没有婚姻这个法定的义务存在时，两个人都还会抱着比较轻松的态度对待感情，相处的空间和弹性也更大一些，彼此的包容和忍让也会更多一些。即使看到对方真实的一面，有时候也能够容忍，因为毕竟两个人没有最终确定下来，也没有太多要求对方改变的必要。而这种容忍在结婚后很可能转变为不能容忍，从而加剧了矛盾冲突。

还有一种与之相反的情况，两个人也可能因为试婚，就用严格考试的态度对对方严加挑剔，导致一点儿细微的差异就会造成排山倒海似的抱怨和不满，因此会夸大本可以轻松解决的矛盾，从而使同居宣告失败，婚姻遥遥无期。

可见，如果是有结婚打算的两个人同居，那么他们婚姻幸福的可能性会大一些。但如果只是用“试婚”来为同居戴上一顶“合法”的帽子，则只会带来无休止的冲突和争吵。

谎言三：已婚人士性生活的质量和数量都不如单身人士。

很多人都有这样的想法，认为婚前两个人可以更有激情和冲动，能够享受更加刺激和新鲜的性爱。一旦结婚之后，由于朝夕相对，过分熟悉，会让两个人对性的热情慢慢退却，同时性生活的模式也逐渐演变成了循规蹈矩的套路，成了每周或者每月必须完成的“功课”，而丧失了其中的乐趣。

实际上，根据一次大规模的调查结果显示，性生活无论在质量上还是数量上，夫妻都比未婚的男女要更好。不仅仅数量上占优势，在质量上更是取得了压倒性的胜利。因为，只有夫妻之间才更能够毫无压力地享受到性生活带来的肉体和精神上的双重乐趣。

结婚之后，随着彼此对对方的身体和兴趣都更加熟悉，更加了解，因此少了摸索和试探的过程，而能够更加明确地给予对方想要的东西。而且现在越来越多的夫妇开始重视性生活的新鲜和趣味，会购买一些情趣用品来帮助增加两人之间的互动。这些不仅有助于性生活质量的提高，也有助于两人关系的发展。

谎言四：同居就是没有结婚证的婚姻。

年近三十的李月就是同居观点的支持者，她的理由是，只要没领结婚证，自己就可以享受“女朋友”的待遇，而结婚之后就是“老婆”，必须承担老婆应该承担的义务。这种想法粗看起来有一定的道理，但细想之下，二者除了头衔，并没有特别大的区别。不管是女朋友还是老婆，在男人眼中都是异性伴侣。男人并不会担心同居女友毫无征兆地变心，也不会放心老婆经常不着家地在外厮混。而“女朋友”与“老婆”的差异，主要也在于女性自己如何看待自己。

但是，婚姻所能够带来的好处，远远超过同居。在社会舆论方面，已婚族总是能够比未婚同居者得到更多的认同和提倡。同居虽然已经不被看作是非常特立独行的行为，但总是会在日常生活中遇到许多解释的麻烦。在财产处理方面，已婚族会有更多共同的经济活动，处理家庭财务时也更加容易。同居则意味着两个人仍应该保持独立的账目关系，这无形中就给两人的关系造成了阻碍。在精神满足感方面，已婚族获得的安全感，尤其是女性，要远远高于同居的人群。所以，同居和婚姻是不能画上等号的。

谎言五：婚姻不幸福就应该结束它。

时代进步带来的好处是物质生产迅速发展，为人们提供了生活上的诸多便利。于是，我们生活的天平越来越偏向于物质一方，精神越来越被忽略。比如婚姻，在从前，被看作是非常庄重严肃的事。但在现在，许多人却认为婚姻只不过是一种生活方式，可以选择，也可以轻易放弃。很多人在婚姻遇到轻微或普通挫折的时候，或者在遇见其他人之后，就会开始考虑从这一段婚姻中脱身，开始全新的关系。他们认为只有那些拥有幸福婚姻的人才会坚守围城。

实际上，在婚姻中能够长久不间断地获得幸福的人并不多。调查显示，婚姻中人们的幸福感不仅没有增加，反而略呈下降趋势。近年来，某些研究还表明，与二三十年前相比，在现今工作压力明显增大的情况下，婚姻中的交流日益减少，矛盾也渐渐增多。

婚姻是需要经营的，不能因为一些不顺心就轻易否定。就像一辆跑车一样，不能因为它的车灯坏了，就让整台新车报废。如果在婚姻中感到不幸福，应该认真地从中寻找原因，解决问题，而不是粗暴简单地结束它。

谎言六：孩子能使夫妻关系更亲密，也能使婚姻生活更幸福。

当年轻夫妇在婚姻中遇到矛盾和问题的时候，他们会考虑生一个孩子，利用“爱的结晶”拉近夫妻关系，缓解两人的紧张情绪，转移注意力，解决家庭矛盾。有时候濒临离异的夫妻也会想到，通过生一个孩子来留住对方。孩子就像一把崭新的安全锁，为夫妻关系加上一道保护。

但是，现在许多研究都表明，第一个孩子的降生往往会给家庭带来更多压力，而不是缓解紧张。因为初为人父和人母，会对新来的压力和负担感到无所适从，不知道怎样继续工作和生活的同时，还要照顾一个必须从零教起的幼童。当爸爸妈妈不能一条心地对待这个新生命时，往往会使两人之间的距离因为多了一重负担而变得更远，同时也给婚姻带来更大的压力。

但孩子对婚姻也不是没有帮助。很多夫妻的确会因为考虑到孩子，而暂缓甚至否决离婚的举动。他们会更加负责，更加谨慎，更加懂得承担责任对于成年人的意义。但是和孩子共同生活的这个过程则是不轻松的，虽然也有甜蜜和快乐，但交织在其中的，也有疼痛和疲惫。

第十章
伴侣——短线爱情，长线婚姻

结婚就等于创业

一个有眼光的女人，应该像有经济头脑的生意人那样，理智地去审核和考量项目的可实施性，预计回报，以及实施过程中可能遇到的困难和问题。当感情的抉择能够运用理智的思考做评定时，会增加成功的可能性。这也会提前为将来的婚姻奠定基础，把很多可能爆发的隐患消灭在萌芽状态。由此可见，对待婚姻最重要的态度是用心，只有认真经营的人才会得到最好的回报。

婚姻创业第一步：考察项目。

婚姻创业的第一步，就是要考察你有意要嫁的那个男人各方面的条件。或许你们是在某个场合巧遇，之后坠入情网；或许你们是通过某个朋友介绍，逐渐认识。不管是哪种情况，之前至少都会有一些基本的了解。你知道他在什么地方工作，收入情况如何，你见过他的家人，听过他对他家庭关系的描述；你了解他的爱好兴趣，他的身高、体重、腰围、鞋码……但这些离全面考察一个男人还有很长的距离。

要全面了解一个男人，尤其是出于结婚的目的去考察一个男人，不能错过这5个方面：事业发展前景、家庭关系、健康情况、情史、朋友圈子。

他的事业发展前景决定了他未来的薪资，也决定了家庭的物质水平，同时还决定了他的社会地位及威望，这对于一个男人的重要性，不亚于容貌对于一个女人的重要性。他的家庭关系，则决定了你将来和他家人的相处方式——婆媳之间是否融洽，丈夫在其中起了很重要的调和作用。他的健康情况不仅预示着将来家庭要投入多少在健康保障上，也预示着你们的孩子可能会遗传的基因。他的情史则会隐约反映出他对感情的处理态度，以及某些会触动他记忆的细节。这会警示你在适当的时候让步，不触及他的底线。最后，他的朋友圈子则鲜明地反映出他的性格和喜好。他在你面前会掩饰起来的某些品质，会通过他的朋友得到彰显。

婚姻创业第二步：广泛征询。

在你对他的基本情况大致有数之后，就要开始广泛地听取周围人的意见。要尊重父母的意见，“不听老人言，吃亏在眼前”，年龄所带来的经验比任何书本里的知识都要实用。据一项调查显示，父母反对过的婚姻有70%最后以离婚收场。要询问闺密们的意见，但是不要用显摆的态度诉说。闺密的吐槽，会一针见血地帮你看清事情的本质。要和他的朋友处好关系，多了解他过去的故事，博得他朋友的喜欢，这样他们才会在私下的闲谈中，为你加分。要听他父母的意见，父母总是最疼他的人。或者他们一开始提出的条件会很苛刻，让你觉得无法接受，但是随着磨合和了解，你们会学会让步，这也会给你们之后的相处奠定良好基础。

婚姻创业第三步：项目比较。

当你了解一个男人，也了解了周围人对他的态度之后，如果还不放心，那么就可以把他同身边其他男人做比较，但是一定要做综合比较，不要拿他的短处去比别人的长处。这个步骤的重点是帮助你认识到自己将要嫁的男士所具有的综合素质。他可能长相、家底、工作能力或人脉资源都不是很突出，但是加在一起，他就是一个安全可靠、踏实过日子的好男人。要肯定自己手中抓住的是一只绩优股，并且要有信心等待，帮助他升值成为更出色的事业家、更体贴的丈夫、更优秀的爸爸和更出色的男人。

婚姻创业第四步：自我提高。

结婚，就等于迈入了人生新阶段。一定要以崭新的面孔迎接新局面的到来。锻炼身体，练出优美的曲线；保养皮肤，修饰年轻的面容；调理身体，准备承担做母亲的责任；广读书本，提高内在修养；准备新居，要在小家里做最骄傲美丽的王后。这就像引导着一个新创业的公司慢慢步入正轨，一切都井然有序地发展。这般成就感，难道不像开创一项事业那样令人激动兴奋、热血沸腾吗？

像经营事业一样好好经营家庭，让它成为你的荣耀，只有这样，才会让家人的笑脸成为你最好的礼物。

婚恋法则

婚姻的7个阶段论

“天下没有所谓完美的婚姻，更没有所谓完美的配偶，任何一桩婚姻都难免有遭逢险阻和颠簸的时刻。在我多年从事婚姻治疗的工作经验中，我只看见经过夫妻双方共同努力而达到的美好婚姻，或经过多年相濡以沫而臻至和谐的幸福生活，他们都是在婚姻还没有被葬送之前，懂得疏导，懂得遵守一些基本的‘交通规则’，所以才让婚姻在不尽完美的过程中越走越远、越走越有味道。”这是畅销书作家金韵蓉女士在她的《女人30+》一书中关于婚姻的一段精彩论述。

另外，金老师还说道，婚姻大抵都会遵循一个原理——“婚姻的7个阶段论”。通过对婚姻阶段性的论述，我们会更加了解婚姻的真相。

第一个阶段——激情。

这个阶段是婚姻生活中最为美好甜蜜的时光，这时男女双方都怀着天长地久的心愿想要与对方白头到老，他们的内心充满爱恋与期望。即使在日常生活中发现了对方的缺点，彼此仍然高温的爱情也能把缺点熔化。

第二个阶段——了解。

金老师对这一阶段的描述为：“这是婚姻生活的必经之途，也是无可避免的阶段，特征是失望和冲突。严格来说，能否通过这个阶段的挑战是两人是否能相守一生的重要基础。对于才30多岁、婚龄不算太长、仍然心高气傲的年轻夫妇来说，我认为‘了解’是最艰难，也是最需要学习的功课。我们常常在一些电影或小说情节里，看过、读过男女主角如何因为一些像马桶盖没有掀起来、牙膏的挤法不对这些鸡毛蒜皮的小事而引发的战火，我们以为这只是为了增加戏剧张力而设计的夸张桥段，其实不然。当婚姻进入了一定的年头之后，爱情由曾经的炙热转变为微温的稳定。在没有热烈激情的屏蔽下，对方的缺点很容易就被暴露或夸大出来。”

至于应该如何智慧地度过这一阶段，金老师给女性朋友的建议是“沟通"，而且这个沟通必须是双向的。不是你猜测他的想法，或一厢情愿地认为他是怎么样的人，而是要静下来听听他的想法，同时告诉他你的想法。

第三个阶段——反抗。

婚姻到了这个阶段，可能双方都开始步入人生比较艰难的时期——责任期。在发展心理学的理论中，35～55岁是人生的责任期。45～50岁是人生责任的高峰期——上有父母需要奉养，下有子女需要照料，自己的事业可能还在打拼时期。

这个阶段，生活与心理压力都比较大，夫妻双方最容易把枕边人当作情绪发泄对象，冲突与反抗最容易发生，这时就需要夫妻互相理解，把心理的压力向对方倾诉出来，共同承担生活所赋予的责任。

第四个阶段——合作。

反抗只是暂时的，夫妻终究要并肩携手，度过婚姻的反抗阶段。接下来夫妻双方会重新回到合作轨道上来。双方会意识到这个与自己同床共枕的人，就是自己人生最亲密的伙伴与战友。

第五个阶段——再结合。

我们来听听金老师对这一阶段的论述："子女长大成人后，接下来会是什么？对于婚姻幸福的夫妻来说，这时正是彼此需要、相依相偎、享受彼此陪伴的再结合。但这种理想不容易达成，需要再添薪加柴才能重燃激情。"

第六个阶段——爆炸。

由中年即将步入老年，退休、健康危机、父母生病或死亡、子女独立不在身边……这些生活的炸弹会接踵而至。这个阶段，婚姻和伴侣可以说是一个人最好的心理慰藉，一般情况下，夫妻关系会因此而更加稳固。但如果本来就危机重重的婚姻，此时可能会随着接踵而至的人生危机走向终点。

第七个阶段——完成。

"经过数十年的相处，婚姻的幸福感更加饱满，因为彼此之间的多年相知，现在除了是伴侣之外，更含了心灵伙伴的深层意义。如果能相守到老，就是圆满爱情最大的收获和回馈。"这是金老师对相携一生的婚姻感人至深的描述。

“痒不痒”和“婚不婚”无关

如果你问别人浪漫的爱情是否有可能一直持续下去，很多人肯定会表示怀疑。很多图书也认为爱的激情是很难长期存在的。因为大家都认为“七年之痒”的出现必定会让人们“山无棱，江水为竭；冬雷震震，夏雨雪，天地合，乃敢与君绝”的美丽幻想破灭。

“七年之痒”是指婚姻发展到第七年就会不以人的意志为转移地出现一些问题。从充满浪漫的恋爱到实实在在的婚姻，在平淡的朝夕相处中，彼此太熟悉了，恋爱时掩饰的缺点或双方在理念上的不同此时都已经充分暴露出来。于是，情感的“疲惫”或厌倦使婚姻进入了“瓶颈”，如果无法选择有效的方法突破这一“瓶颈”，婚姻就会终结。在现实中，婚姻真的出现问题，不一定为七年，或长或短，可能只要一两年，甚至结婚不久就可能“痒”起来了。

所以，很多人都是谈“痒”色变，甚至因为害怕经历这种爱情消退、浪漫不再、激情难寻的痛苦而迟迟不肯步入婚姻的殿堂。但是据最新的研究显示，婚姻并不是爱情的坟墓，更不是浪漫的终结。很多结婚数十年的夫妻依然深爱着对方，长期的夫妻关系中依然充满了激情和浪漫，并不亚于热恋中的男女。

为了论证这一观点，研究人员做了这样一个实验：他们利用磁共振成像技术，对平均有21年婚姻生活的男女进行大脑扫描。当他们在看自己配偶的照片时，大脑会有相应的反应，这表示他们依然深爱着自己的配偶。而后的几年里，研究人员对他们的大脑分别进行了多次扫描，发现爱在他们的脑海里依然不曾离去。美国纽约州立大学石溪分校心理学家亚瑟·安龙说：“我们确信这项研究结论是真实、正确的，这是通过大脑扫描告诉我们的，人不能伪造这些真正的信息。”

研究结果表明，长期的夫妻关系不存在新开始的爱情中常常出现的困扰、焦虑的情感，取而代之的是平和、沉着和对彼此的依恋，夫妻双方将配偶看作自己生命的一部分，并想继续保持这种亲密的关系和接触，夫妻双方之间依然保持着活跃的两性吸引力。

如果谈恋爱时的浪漫感情像一团烈火，那么，结婚后夫妻之间的感情则是长久的、伴随终生的脉脉温情。这种温情，一直浸透在互相理解、互相尊重、互相关心、互相照顾之中。结婚后，夫妻双方朝夕相处，彼此之间的接触越来越真实、全面、细致，神秘感逐渐消失，这就需要彼此之间的宽容和理解，以及时不时地制造一些浪漫。

无论巧克力冰激凌的味道有多么好，紫丁香花有多么香，风景区的山水多么美，我们最终还是会失去兴趣的。每个人都渴望爱情，期盼自己的爱情能天长地久，但心中常常不确信到底有没有长久不变的爱情，热恋中立下的山盟海誓能否实现。答案一定是肯定的，但是光有满腔的热爱是不够的，还需要让生活充满乐趣。女人的魅力来自惊喜，总是能呈现出不同以往的一面，总是充满对新鲜事物的好奇心。对男人来说，这类女人更能让他们相信，婚姻并不是爱情的坟墓，生活不是一成不变的，和她生活在一起，对男人来说是一种冒险，他抱回家的不是一只沉甸甸的大衣橱，而是一个百宝箱，总会从中发现别样的惊喜。

无论如何，女人应该明白，爱的激情是有时限的，爱情初始的时候，是激情，而激情一般不可能长久，就比如一锅水，如果一直沸着，迟早会被烧干，所以等激情过后，便应该将激情转换为温情，这样热度才能持久。

婚恋法则

浪漫的不同境界

浪漫，在不同的年龄阶段有不同的表现形式。虽然没有泾渭分明的界线，但每重境界各有不同的特点，可供大家参考。

一重境界：浓情似火。

适用范围：25岁以下清纯少女。

《飞越迷情》中张学友为张曼玉点燃的“I LOVE YOU”的烛光，《有情饮水饱》里梁朝伟为舒淇打开的直升机和游乐园，《两个人的烟火》里许志安为梁咏琪点燃的烟火……这些电视剧中屡屡出现的浪漫爱情总是让无数清纯少女艳羡不已。

处于青春时代的女子，情窦初开，无忧无虑的，喜欢幻想，拒绝平淡如水的日子，希望遇到王子，得到超越凡尘的爱情。她们时时梦想着某一天这些浪漫得让人心醉的画面在自己身上重演，祈祷某个人给自己公主般的待遇，她会倾尽所有和他演绎一场轰轰烈烈、浓情似蜜的浪漫爱情。

二重境界：惊喜不断。

适用范围：25~35岁转型期女子。

当女人跨过25岁的年龄，许多已脱离了少女时代的幻想，开始实际起来。

这个时期的女人，成天夹杂在繁忙的工作和家庭的琐碎中疲惫不堪。她们的生活日益暗淡，陷入一潭死水之中，她们的美丽在这烦琐的事物中被逐渐消磨殆尽。这时，她们更渴望浪漫，渴望丈夫能在婚姻生活中制造一点儿小惊喜，比如丈夫在厨房轻轻搂住她的腰，说一句情意绵绵的话，送一朵已经很久没有送过的玫瑰，在阳台上共享咖啡，或者默默对视，眼波流转……这些小动作带来了无限小惊喜，让暗淡的生活变得丰富多彩，女人所有的疲惫和厌倦一扫而空，婚姻生活也愈加美满。

三重境界：相知相伴。

适用范围：35~50岁成熟女人。

当女人过了35岁，这时大多已生儿育女，或事业有成，或在家安心做全职太太，生活安定，经济宽裕。

这个时期的女人危机感日益加重，一方面因为自己青春不再，一方面因为丈夫人到中年事业有成，更因为日复一日的平淡，她们开始变得忧心忡忡、焦虑不安。而此时的男人，正扬帆远航于事业的大海中，意气风发，得意至极，他们往往会忽略妻子内心的浪漫感受。

这个时期的女人，对浪漫的要求更趋于实际，相较于昂贵的物质礼物，她们更渴望丈夫的相知相伴。她们希望在她生病时，丈夫能在床前守护；累了为她倒杯水，帮她做一些家务；不高兴了哄她开心，听她倾诉听她唠叨；知道她最喜欢的食物，记住她一切特殊的日子并给予关怀，知道她心里在想什么……此时的丈夫更多的是扮演着一个“蓝颜知己”的角色，和妻子一同营造婚姻生活的浪漫和幸福。……

四重境界：相依相偎。

适用范围：50岁以后的女人。

“我能想到最浪漫的事，就是和你一起慢慢变老，一路上收藏点点滴滴的欢笑，等到以后坐着摇椅慢慢聊。”当女人步入50岁，人生已过半，风风雨雨之后，繁华已落幕，静谧上演。她们早已无意再参与外界的纷争喧嚣，只希望在属于自己的空间里过安静平稳的生活，只求和相爱的人相依相偎，一起回忆一路走来的点点滴滴，一起欢笑哀愁，一起享受时间流逝的美丽。这是女人穷尽一生青春追寻的浪漫最高境界。

在这四重浪漫境界里，爱人就是欣赏彼此浪漫之花的那个最佳观众。你需要懂得如何养育浪漫之花，最重要的在于自身拥有一颗热爱浪漫的心，不断给生活以小惊喜，用浪漫宠爱自己，惠泽爱人。

老婆不是刑侦员，老公也不是罪犯

古龙曾说过，没有女人凄凄恻恻，有了女人叽叽喳喳。从男人的视角看，这一句千真万确。男人是一种很矛盾的动物，一个人独处的时候，他有充分的自我空间，想干什么就干什么，可是这样自由自在的日子过久了也难免会寂寞无助；而当他找到一个女人，一开始两人卿卿我我的甜蜜很快会变了味，因为一旦女人看管男人太紧，男人就会觉得自我空间被男女之间的亲密关系越压越小，会在这种亲密关系的压制下感到压抑、烦闷。

男人需要亲密空间，可是女人应该记住，男人更需要的是自我空间，如果你的爱会把男人自由呼吸的空气吸完，那么无异于让你心爱的人生活在一个透不过气来的监牢里，沦为爱的囚徒。

一个即将出嫁的女孩，向她的母亲提了一个问题：“妈妈，婚后我该怎样把握爱情呢？”

“傻孩子，爱情怎么能把握呢？”母亲诧异道。

“那爱情为什么不能把握呢？”女孩疑惑地追问。

母亲听了女孩的问话，慢慢地蹲下，从地上捧起一捧沙子，送到女儿的面前。只见那捧沙子在母亲的手里，圆圆满满的，没有一点儿流失，没有一点儿撒落。

接着母亲用力将双手握紧，沙子立刻从母亲的指缝间泻落下来。当母亲再把手张开时，原来那捧沙子已所剩无几，其团团圆圆的形状，也早已被压得扁扁的，毫无美感可言。女孩望着母亲手中的沙子，有所领悟地点了点头。原来爱情需要空间，握得越紧，失去的反而越多。

故事中的母亲是个过来人，他知道男人对自由空间的向往。的确是这样，每个人都是一个独立的个体，爱情并不能改变这种根本上的独立性。渴望相对独立的空间、尝试随心所欲地做事，是生命的必然规律，密不透风的“深爱”，其实是披着关爱外衣的自私占有，爱得太谨慎就是对爱的枷锁。

很多热恋中的情侣走进婚姻的殿堂后，可能很难适应热恋与婚姻的温差。尤其对于女性来说，总是希望丈夫像热恋时一样与自己如胶似漆。但生活中一些事情常常是物极必反的：一味希望关系无比亲密，会让爱人感到窒息。

常常听结过婚的人谈起自己婚后生活的不顺心，为什么两个人都极为珍视的结合最后会成为感情的障碍？为什么为了更好地拥有对方而结婚却使两人离得越来越远？看完下面的这篇文章，也许会对我们有所启示。

小周和丈夫3年前结婚，当时丈夫还是一个小职员，每天在外奔波。每天一下班小周就打电话要他回来，生怕他在外面学坏了。久而久之，丈夫的同事都笑称他带的是一台“寻夫机”，弄得他很尴尬，回到家就冲小周发火：“整天打电话，你烦不烦啊？”

一听这话，小周的委屈如潮水一般涌上来：人家是因为关心你、爱你、害怕失去你才这样，可你却毫不领情……久而久之，他们便日渐疏远。

后来小周偶然间读到一篇文章《放开他，并不等于失去他》，文章里描写了一个和小周处境相同的女孩，生怕失去恋人，因此就无时不刻地监视着他，弄得他心烦意乱，最终提出了分手。

读到这里，小周猛然一惊：是啊，为什么一定要把男人死死地看住呢？他有自己的事业，有自己的天空，为什么不放开他，给他一定的自由呢？从此，小周改变了很多，不再追根究底地查丈夫的去向。丈夫对小周的态度也因此有了明显的改善，晚回家时总是会给小周打电话说一声。

在结婚纪念日的时候，丈夫动情地对小周说：“曾经有一段时间，我觉得自己好像犯人一样。我为了能让我们的生活过得更好而在外面打拼，回家却还要接受你的盘问。那段时间我很苦闷。而你突然像变了一个人似的，总是对我很宽容，也给了一个男人足够的自由让我可以专心于事业。也奇怪了，之后我每当超过晚上8点还没有回家就会格外惦记你，所以都会给你打电话。”

女人在爱情上的不幸，除了遇人不淑外，很大程度上是出于对爱理解的偏颇。爱是自私的，但爱人绝不是私有财产，爱应该用温柔、体贴、理解、沟通来维系，而不应该用“刑侦监控”，甚至“一哭二闹三上吊”的方式把丈夫时刻拴在身边，这样只会适得其反。

爱无须抓得太死，也不必给得太多，多了也会让人窒息。爱情就是这样，爱本是生命中深挚的关怀与体察，无须刻意去牵扯，越是想抓牢，越容易成为枷锁。爱情需要自由呼吸，不管是“软磨”还是“硬泡”，都不是爱情本该有的形式。

婚恋法则

爱情空间

给爱情留点儿空间，就是给婚姻延长时间。感情是两个人的世界，但也有一个人的独立。我们要避免以下的做法。

1. 永远不要说多爱你

某位婚姻专家有句话乃真知灼见：女人永远不要让男人知道你多爱他，否则他会因此而自大。

2. 不做喋喋不休的女人

在对方意犹未尽的时候先挂断电话，保持适度神秘感，世界上没有一个男人喜欢喋喋不休的女人。

3. 不要太迁就对方

两个人谁也不欠谁的，爱上对方是对方的一种福气。在婚姻里，两个人都是主角，要有自己的主见，懂得适当拒绝。

4. 不要天天厮守

爱情的生命力是有限的，要让爱情寿命长一点儿就要保持一个适当的距离。

5. 不要把对方看作整个世界

台湾女作家三毛曾说过："我的心有很多房间，荷西也只是进来坐一坐。"要有自己的社交圈，不要一结婚就原地蒸发，和所有的朋友都断了往来，这只会让你的生活圈子越来越窄。

6. 不要为了一点儿小事就吃醋流泪

这样只会让男人对你的爱恋逐渐变成厌恶。翻看对方的短信，打探对方的行踪，对他的去向无端猜疑，"打破砂锅问到底"式的追问，都会令对方不胜其烦。

空间距离很好测量，心理的距离却很难测量。爱情的安全线，恰恰是看不见摸不着的心理距离。当心理距离越逼越近时，对方会仓皇地逃离你的掌控，因为他想找个可以呼吸的地方，放松一下绷紧的心弦。

"当初，我真不该找一个这样性格的人……"

有些男女婚后才发现彼此的性格有多么不同。这些性格不同的夫妻，每天都在为性格不同而苦恼。私下里他们会后悔地说："当初，我真不该找一个这样性格的人……"

性格不同的夫妻往往会发现，结婚之前吸引两个人走到一起的因素恰恰成了婚后主要矛盾的根源。因为整天的耳鬓厮磨会使各自的偏好成为不可调和的矛盾。

夫妻俩的性格相容，有利于感情的发展，但如果性格失调了，则会阻碍夫妻感情的发展。夫妻俩的性格对夫妻感情是一个很重要的因素，如果达不到和谐，则严重影响感情。两个性格不同的人怎样才能融洽相处呢?应该接受配偶与自己的不同之处，用语言称赞对方的独特性，不要妄图按照自己的偏好来改造对方。

梅是个性格开朗、健谈的人，奇怪的是她却喜欢上了一个沉默寡言、深思熟虑的男人。恋爱的时候，梅就知道他们是两种性格的人，但是直到结婚后，梅才意识到他们的性格竟然有那么大的差距。为此，两人没少争吵。

已经不记得那天是为什么事情跟他吵架了，梅只知道自己在骂他，而那个男人只是不说话，以至于到最后，梅只想收拾东西走人，离开这个在一起生活了两年的男人。出现这个想法的时候，梅正在烧开水，壶里的水大约有40℃。

梅翻出一个旅行袋，正是两年前自己投奔他时拎来的，后来一直搁在壁柜里，如今沾满灰尘。想起自己两年前带着怎样的期望走进这个屋子，然后日复一日地给他熨衬衣洗袜子，却换来这样的结果，整日慢吞吞，什么事情都不着急，事业没有一点儿起色，自己整天还要为他操心。她拿起一块毛巾擦去袋子上的灰尘，眼泪也顺势奔涌而出。

梅想那个男人现在显然已经不在乎她了，看见自己哭了都无动于衷。而那个男人就坐在梅背后的沙发上抽烟，一言不发，一副垂头丧气的样子。梅又想，他既然不稀罕他们的感情，自己又为什么要稀罕？跟这种性格的男人在一起过一辈子，根本不会有什么幸福。她果断地擦掉眼泪去看水，温温的，没开。水一开她就走，一分钟也不停留，梅在心里想。

梅开始往袋子里装自己的东西——衣服、书、牙刷、毛巾等，与其让他丢掉不如自己拿走，最后她取下手表和项链，那是当初他买给自己的，放在桌子上还给他。终于收拾完了，鼓鼓囊囊的袋子就搁在房子中间，与他对峙着，屋子里的空气几乎凝固了。

梅再次去看水，水冒着热气，大概有60℃。水一开就走，梅在心里暗下决心。

梅为什么一定要等到水开了才走呢？因为两年来一直都是她烧开水，这个开水壶有点问题，水烧到80℃的时候就开始沸腾，要多烧3分钟才能喝。他一个大男人哪知道这些，在梅来之前他经常肚子疼而找不到原因。

5分钟后，水还是没开，再等等吧，梅心想。

这一等就等了近一个小时，水不仅没开，而且逐渐变凉。原来开水壶坏了，灯都没亮。她拎起袋子决定放弃这壶水，那个男人突然从背后环抱着她说："老婆，不要走！"他声音嘶哑，豆大的泪珠滚落在她的头发上。

慢性子的他原来还是在乎梅的，性格的差异并没有影响他们的爱情。旅行袋从梅的手中滑落，她没走。

后来他主动交代是他弄断了开水壶的电线，为了不让梅走，为了挽救他们即将断裂的爱情，他只能这样做。这时他们已度过了最初的磨合期，走进了幸福安全的婚姻。那个坏了的开水壶，如今就搁在他们家的壁柜里。

从上述实例我们可以看出：夫妻相处如何，并不在于性格是否相同、相近或不同，而在于夫妻之间如何相处。如果性格差异较大的夫妻能做到以下两点，一定会相处得很好，成为恩爱夫妻。

第一，对双方的性格要有正确的了解，同时要懂得尊重对方的性格，这一点是非常重要的。性格是人对事物所表现出的经常的、比较稳定的理智和情绪倾向，并没有好坏之分，与品德是有区别的。不同的性格有不同的长处或短处，各有各的优点与缺点。例如，急性子多直爽，容易相处，但也容易产生怒火，有时候发起火来，可能让人忍受不了。相反，慢性子大都态度和蔼，容易相处，办事讲究质量，但速度较慢。性格外向的人活泼开朗，性格内向的人则稳健深沉。

第二，双方各自要学会扬长避短，异质互补。有了对性格的正确认识以后，就要主动地去接纳对方，在家庭生活中发扬双方的长处，尽量避开各自的短处。例如，家里的理财就交给做事心细的一方，主外就交给善于交际的一方。夫妻双方的经历、兴趣和脾气都是不同的，称为"异质"，异质是能够互补的。急性子同急性子，慢性子同慢性子，虽然性格一致，但闹起矛盾来，前者可能"山呼海啸"，后者则会闹得没完没了，不见天晴。相反，急性子与慢性子相配，如果相互之间能够注意互补，往往会刚柔相济，急慢相合，动静相宜，相得益彰。

人的性格也不是不能改变的。夫妻双方有时候也应该适当地注意克服自己的缺点。性子比较急的，要用心克服自己的急躁情绪，办事再沉稳一些；性子比较慢的，办事的时候就应该注意加快速度，提高效率。但更应该注意的是，千万不要试图去改造对方，我们要做的是尊重对方，帮助对方。只有这样，夫妻之间的生活才会和谐，婚姻才会变得美满幸福。

婚姻当中同样要注意取他人所长，补自己所短。当有问题出现时，因为性格不同，双方会从不同的角度来分析问题，这对思路的拓宽绝对有积极作用。当然，也正因为性格不同，观点不一致，摩擦是不可避免的，这需要时间慢慢地磨合。

婚恋法则

了解男人对于妻子的真实需求

很多男士在谈到他们理想的妻子时，都会提出一些共性的观点。看看这些“男性宣言”就会发现，男人的要求其实很简单。

（1）当我指出她使我感到压力时，她能够思量一下，而不是指责我吹毛求疵或不爱她。我希望她能够依我们讨论的方法将彼此关系拉近。

（2）能承认自己也有自私的一面，我不是唯一以自我为中心的人。她自己对于爱情的付出也有限，甚至有时她只是利用我去满足她的要求；此外，我也不希望她潜意识里隐藏着一些对男人的刻板印象及负面感觉。

（3）知道沟通应该是双向的。当我们争执后能平静地讨论原因，我希望她知道我的激烈反应有的是受她的影响。我不希望被指为“有问题的一方”或“不懂如何爱人”。

（4）她爱的是真正的我，而不是她幻想中的我。我不希望自己只是去满足她的浪漫幻想，因为我知道现实并非如此，结果可能会令她更失望。

（5）她不会因我或我们的关系而牺牲她的其他事物，她这样做，会使我感到被迫付出多于我愿意付出的。换句话说，我希望我所爱的女人能够了解：当我付出的比她期望的少时，不一定是我的错。

（6）她能够容许我有自己的意见，不会认为我的意见不当，而强行改变我。当碰到问题时，她能够与我并肩作战；当我们发生争执时，她能够视它为一种拉近彼此距离的沟通方法，而不会认为我提出问题是在找麻烦。

（7）她不会过分要求我超越自己的能力去令她快乐。我也不希望她改变自己来迎合我，并希望我为她的牺牲负责。

（8）她不要只告诉我对我们的关系有何不满，而是要提出一些如何改善的方法。我不希望老是要猜测她的想法，或者现在她是否不高兴。当问题出现时，被告知它的存在是不够的，我更希望她与我一同解决问题。

（9）我也许是比较自我的人，但我不希望我的动机被误会，更不希望当我有什么做得不恰当时，就被认为是不重视这份感情。

（10）她能够给予我所希望得到的，而不是她希望我得到的东西。

（11）她不会过分高估或低估我，我只是一个普通人——有优点也有缺点，我跟她一样也有脆弱的一面。

听话：听别人好好说话

许多年前的一天，一个名叫比尔·琼斯的人从五楼跳了下去。他跳楼的原因是他的事业遇到了危机。因为他事业扩张太快而造成资金周转不灵，债权人逼他还债，而他的支票在银行里却无法立刻兑现。最糟的是，他没有勇气告知自己的太太这场突如其来的灾难。一直以来，他都是太太的荣耀和骄傲，他害怕在太太面前袒露自己的窘境和尴尬，担心太太难以承受这一残酷现实。

就这样，他被自己想象中的困境逼上了绝路。他爬上自家仓库的屋顶，几乎没有迟疑，便跳向空中。结果，他从五楼跌下，穿过底楼窗前的遮阳篷而掉落在人行道上。从地心引力和常识来判断，他是死定了，但令人难以置信的是，他只是摔破了大拇指的指甲！更好笑的是，他所穿破的遮阳篷，是他唯一一件完全付清款项的东西。

当发觉自己奇迹般地还活着时，他感到十分兴奋。和这个奇迹比起来，他从前的麻烦简直没有一件是重要的了。5分钟前，他还觉得生命是一种毫无用处的垃圾，但现在他因为活着而感到激动。他急切地赶回家把整个事情说给太太听。听完他的诉说，他太太似乎慌乱了一会儿，但这只是因为他以前从没有把自己的麻烦告诉她而已，但不久，她平静地坐下来，开始考虑为他想办法解决困难。琼斯也第一次放松心情，开始进行一些正确而有用的思考，而这是近几个月来从没有过的。

现在，琼斯从容稳定地开始重建自己的事业，慢慢地，他还清了所有的欠款。更重要的是，他已经学会了如何和他的太太一起分享困难，就像一起分享成功那样。然而当时，琼斯却不知道自己的太太也能和他一起渡过难关，差点儿因此丧失了自己宝贵的生命。

琼斯的故事告诉我们，如果丈夫不信任自己的太太，不能完全算是太太的错。生活中，有不少男人，往往也和琼斯一样，对于用事业上的忧虑来麻烦自己的太太有个错误的看法，他们认为，让温柔而美丽的太太为自己事业上的挫折和失败而操心、忧虑有伤男人的自尊。他们都想成为这样的一类大男人：永远只带给太太美好的东西，他们只愿把成功的荣誉带回家。一旦事业进展并不顺利时，他们便想方设法瞒住太太，唯恐她害怕与不安。他们耻于承认自己也会有弱点和失败；他们也从未想过真正幸福的婚姻是：无论福祸，都要与太太共同分享和承受。

但是，生活中也常常见到另一种现象：一些男人很想把他的烦恼说给太太听，但太太却不想听或者不知道如何去听。

《福星》杂志曾刊出了一篇针对公司员工的妻子所做的调查报告。他们引述一位心理学家的话说：“妻子所能做的一件最重要的事情，就是让她的先生把他在办公室里无法发泄的苦恼都说给她听。”

能够尽到这个职责的妻子，被赋予了“安定剂”“防哭墙”“共鸣器”和“加油站”等称号。这个调查报告同时也指出，男人需要的是主动、机敏的倾听，他们通常都不想听什么劝告。

任何一个曾经在外面工作过的女人都可以了解到，如果家里有个人可以谈谈这一天所发生的事情，不管是好是坏，都是很令人欣慰的。因为，在办公室里，常常没有机会对所发生的事情发表意见。如果事情进展得特别顺利，我们也不能在那儿开怀高歌；而如果碰到了困难，最好的同事也不愿意听那些麻烦事，他们自己已经有够多的烦恼了。于是，当辛苦地工作了一天回到家里时，人们往往会有一种一吐为快的迫切心情。

最常发生的事情往往是这样的。丈夫回到家，上气不接下气地说道："老天！亲爱的，今天真是个值得庆祝的日子！我被叫进董事会里，汇报有关我所做的那份区域报告。他们还想听我的，而且……"

"真的吗？"妻子心不在焉地说着，一点儿也不用心的样子，"那真好，亲爱的，快来！吃点我刚做的酱牛肉吧！对了，我有没有告诉过你，早上来修理自来水管道的那个人，他说有些地方应该换新的了。你吃过饭后去看一下好吗？"

"当然好，宝贝。噢，就像我刚才说的，董事会听取了我的建议。说真的，起初我真有一点儿紧张，但我终于发觉我引起他们的注意了……"

妻子插话道："我常认为他们不了解你，不重视你。哎，对了，你必须和儿子聊一聊他的学习问题，这学期他的成绩实在糟糕透顶，他的班主任说如果儿子肯用功的话，一定可以念得更好。对他的学习问题，我现在真的无计可施了。"

到了这时候，丈夫才发觉他在这场争夺发言权的战争中已经彻底失败了。于是他只好无奈地把他的得意和酱牛肉一起吞到肚子里，然后解决自来水管道和儿子的学习问题。难道他的妻子真的如此自私，只在乎自己的问题吗？当然不是，其实，她和丈夫一样，都想找个听众倾诉一番，只不过，也许她把自己倾诉的时间搞错了。其实，她只要耐心地听完丈夫在董事会上所出的风头，等他把自己的情绪发泄完，就可以很顺畅地大谈家庭琐事了。

婚恋法则

做一个出色的倾听者

说话是一种技巧，听话也是一种技巧。一个出色的倾听者会更懂得对方的需求和内心。那么，一个倾听者需要注意什么呢？

（1）注意力集中是聆听别人谈话时首先要注意的。此时，最忌讳眼神飘忽不定，千万不要让心思任意游移，天马行空地胡思乱想。倾听时表情要自然、放松，并随着听到的内容自然变化。没有什么比一个面无表情的聆听者更让说话的人扫兴了。

（2）出色的聆听者意味着心神集中和积极配合。如果你想要赢得一个男人的心，可以在他需要一个聪慧、机灵的聆听者时表现出十分欣赏并愿意倾听。

（3）在聆听时可以把握发问时机，偶尔提出不同的看法。如果你个人非常赞同他的说法，可以适时地在他谈话停顿的时候提出来，但不要滔滔不绝。要注意让他掌握谈话的主导权，这样就不至于造成单调的独白，双方的思想也能得到很好的沟通。

第十一章
定位——婚姻中，没有谁比谁更重要

“我做饭，你刷碗”的“公平理论”

男人和女人结婚，丈夫和妻子的身份有了，意味着一出家庭剧拉开了帷幕，夫妻双方都必须在思想和行动上尽快进入状态，入戏，各司其职，找到适合自己的位置，担起自己的责任。一旦角色错位或空位，戏就演砸了，演员也就想跑了。

茜与丈夫结婚半年以来，一直在实行两人在婚前的约定。结婚前，他们都认为婚前约定和夫妻AA制是实现男女平等和婚姻自由的最高境界，这样可以保持恋爱时期的状态，可以在享受自由的同时避免婚姻的压力。他们都是新新人类，所以他们便效仿了西方世界提倡的“婚姻平等论”，两个人有相互独立的空间和自由，甚至各自的收入和开支都计算得很清楚。

茜以为这样的婚姻才是最幸福的，却总也找不到一家人的感觉，结婚以后他们各自仍干着婚前的事情，很少在一起吃饭，唯一改变的就是每天可以见一面，但连这种亲密感似乎也不曾长久存在。丈夫与她越来越疏离，经常很晚才回家，问他理由，他总是说忙，茜感到了一丝恐慌。

在一个寂寞的早晨，茜偶然在丈夫的枕头底下发现了一本厚厚的日记，她不是有意偷看，但按捺不住的好奇心却驱使她打开了日记。

3月5日

结婚几个月了，我没有了那种新鲜的感觉。我仍旧还是我自己，我与她之间感觉不到渴望中的那种亲密，我不能拿她当成我自己……我不知道女朋友与老婆之间有什么区别，因为，直到现在我也没有感觉到老婆的存在，我也不知道这是怎么了……

4月7日

我的收入仍旧是自己掌管，有时候我主动买了一些东西，她也要给我划账。她说，她自己不是要靠男人养的那种女人，她自己的工资够她生活了。我知道她的收入不比我少，但我没有了做丈夫的感觉……

5月3日

好不容易放了7天假，她却出去玩了，我一个人在家。我在酒吧与朋友混了7天，突然觉得没有了她，我一样生活。我突然感到一种悲哀，我为我自己难过，结婚半年多了，我似乎仍是单身……

茜看着看着，不由自主地哭了，她发现自己犯了一个致命的错误。他是那种渴望家的男人，渴望做丈夫的那种男人，他要的不是“平等”，也不是所谓的“自由”，他要的是温暖。在他斯文的外表下，有一种征服与归属的欲望……而这些最简单的东西，自己却没能给他。这本日记也许是他故意留给她看的，也许他在试着挽回他们的爱情。

晚上，茜破天荒地下厨给丈夫做了一桌美食。在此之前，她一直很反对女人归属厨房的理论，都是他在做饭。为了保持平等，她会给他洗衣服。饭桌上，茜亲切地叫了丈夫一声“老公”，而在此之前，他们一直互叫名字。茜说：“以后，你的钱让我管吧，因为我们得攒钱买房了。”丈夫笑了。她说：“你是男人，以后记得早回家，因为你是有老婆的人。”丈夫的眼睛里有了泪花。他问她是不是看了他的日记，她没有说话，只是说：“我是明白了要怎样做你的老婆。”

美国心理学家约翰·斯塔希·亚当斯于1965年提出了“公平理论”。该理论是研究人的动机和知觉关系的一种激励理论，认为员工的激励程度来源于对自己和参照对象的报酬和投入比例的主观比较感觉。也就是说人工作的积极性和个人的实际报酬、报酬的分配都有关系。从这里看，这是人对“公平”价值的正常追求，无论是对工作，还是对爱情。因为从心理上来说，工作或婚姻都是一种人际行为，人会从这种人际关系中期待自己想得到的行为反馈。最简单的就是，“我做饭，你刷碗”，要不然，两人之间就被冠上了“分配不均”的问题——凭什么工作一天，都累死累活，我要做家务，而你只要享清福就可以？这种追求“公平”的正义行径可以理解，但是，在婚姻中，有时所谓的“自由”和“平等”实质是在逃避责任，逃避做丈夫或妻子的责任。钱的多少，职位的高低，做家务事的多少，像这些具体的事情可以划分清楚，给婚姻带来的干扰可以得到修正，但感情和感觉又怎么能通过量化的概念来衡量呢？有一句在婚姻和家庭中同样适用的话：“公平是相对的，不公平是绝对的。”

在婚姻生活中，感情上的相对平等是必要的，也是可以实现的，包括夫妻双方平等交流，互相爱护，共同商议家事，以及尽个人所能为家庭幸福做贡献，等等，因为爱情可以让你心甘情愿地分担许多事情。

在家里，维多利亚是妻子不是女王

每个人都在社会中扮演着属于自己的社会角色。当个人在多个社会角色之间有难相容感时，就发生了角色冲突。角色冲突也可能发生于个人遭受到来自不同群体的不可调和的压力，或出现在角色定位模糊之时。角色冲突可导致焦虑、紧张、苦恼、效率下降，或使个人为解决冲突而从一个或多个不相容的角色中撤退，重新定位或通过协调减轻对立各方的压力。

维多利亚虽贵为英国女王，但是和丈夫阿尔伯特亲王相处时，难免也有一般家庭的争执场面。

有一次，他们夫妇又吵架了，丈夫阿尔伯特愤而回到卧室，并且关上了门。事后维多利亚女王想想，知道是自己理亏，就在房间外敲门，打算向丈夫道歉。

“谁？”在听到敲门声后，丈夫这样问道。

“英国女王！”

可是屋内没有任何回音，于是女王又敲了敲门。

“谁呀？”

“我是维多利亚。”

可对方依旧没有回答。

最后，维多利亚又敲了敲门，然后温柔地说道：“对不起，亲爱的，开门好吗？我是你的妻子。”

这回房门打开了。

这个故事告诉我们，每个人在不同时刻、不同场合会扮演不同的角色。在家里，维多利亚女王就是妻子，不是女王。因此，我们要在不同的场合扮演好自己的角色。

人的一生，需要扮演的角色很多，你可能是领导、职员、父亲、母亲、丈夫、妻子、儿子、女儿……角色与人的心理健康密切相关，当一个人成功扮演各种“角色”时，既满足了社会的期望，也满足了个人的需求，所以能过正常的生活。反之，那些不能胜任各种角色的人，则很可能在不同的生活处境中遇到困难，其中经常碰到的就是不能适应不同角色冲突带来的麻烦。

如果我们不能在需要的时候自如地转化角色，那么无论在心理还是行为上都会感到不自在。换言之，为了使日常的人际关系，特别是工作中的人际关系更为融洽，这种能力是不可或缺的，即敏锐地观察出我们在各种情境下应扮演的角色并做出相应的角色行为。尽管在大多数情况下角色转换会自发进行，但为了有备无患，我们还是要多加注意。

角色冲突会导致人产生紧张情绪。研究证明，总是生活在角色冲突中的人，会心跳加快、血压升高。美国社会心理学家米德把这种现象称为“角色紧张”。角色紧张对社会及个体的身心健康都非常有害。消除角色冲突，可以采取如下几种具体方法。

1. 防止角色混同

不同角色的权利与义务是不同的，不能混为一谈，应当区别对待。如在异性交往中，男性要把女朋友、女同事区别开来；同样道理，女方也要对男朋友、男同事区别对待。如果将异性对象混同为一种角色，那就会出现很多矛盾和冲突。比如，在单位时是领导，习惯于发布命令、指挥别人，但回到家里，履行作为丈夫和父亲的职责时，就不能一味地严肃正经。

2. 学会换位思考

考虑和处理问题时，不要老是站在自己的角色位置上，而应当换个角色位置，即站在他人角色的立场，“将心比心”“设身处地”地体验不同于自己的别的角色的需求、遭遇和感受。比如，丈夫站在妻子的角度，妻子站在丈夫的角度，下属站在领导的角度，领导站在下属的角度，这样自然就能消除角色冲突，保持人际关系的和谐。

3. 做好角色转换

不同的角色有不同的权利与义务。我们在角色转换后，应当及时对所承担角色的权利与义务有明确的认识，对该角色应有的行为做出清晰的理解，以求顺应变化，尽早进入新角色，转换角色行为。

“我和你朋友，你选谁”是个蠢问题

老是听到有人问这样的问题——我和你朋友，你要选谁？有我没他，有他没我！这样的问法，简直蠢得有水平。

婚姻是结合两个人的所有，理应增加新朋友交往的机会和乐趣。但有时候，现实情况恰恰相反，许多夫妻都被迫放弃以前的朋友，只要是对方不喜欢的。有时候会偷溜出去见同性朋友，或者约了在保龄球馆或美容院见面，但对于婚前的异性朋友最好还是忘掉。

但是不久，多数封闭婚姻的夫妇发现他们只和其他夫妇来往。例如，在宴会上，夫妇遇到单身的朋友通常会感到紧张，妻子尤为明显，如果有单身女孩想和她的丈夫说话，她便一脸不高兴地瞪着，充满不信任。更多的夫妇会为以前的朋友发生争吵，双方的矛盾因为是否放弃各自的朋友而逐渐加大。

新婚燕尔，小伟感到既得意又幸福。妻子是舞蹈演员，长得漂亮不说，人也非常温柔，这让小伟觉得很幸福。当看到人们羡慕、嫉妒的眼光时，他便十分得意。

可是，随着婚姻生活的展开和延续，小伟的得意和幸福的感觉逐渐淡化了，紧张和嫉妒感却随之增长，并迅速膨胀。妻子的性格一直就是开朗活泼型，因此喜欢交朋友，而且交的朋友不在少数。妻子和他结婚后，与以前的那些朋友也一直联系着。

于是，他隔三岔五地问妻子："那么多优秀的小伙子你不嫁，为什么偏偏嫁给我？"

"你过去和云帆相处挺亲密的，现在你都跟我结婚了，怎么还跟他来往，不是还想着他吧？"

"你要知道，你现在是我老婆了，你那个女闺密我很不喜欢，天天约你出去干什么呀，她没有别的朋友了吗？"

他还寻找一些机会陪伴妻子，名为与她形影不离，实为监视她。只要有演出他必定和她一起去，甚至跑到后台去侦查。平常不许妻子外出，更不许和异性来往。

有一次，小伟听说妻子要去演出，并且和她以前相处较好的男性朋友跳双人舞，小伟嫉妒难忍，于是就把妻子反锁在家里。

这次演出本来是为迎接外宾而专门组织的，妻子在家里又急又怒，没想到丈夫不仅不听，而且锁上门后扬长而去。结果她的节目没有上成，还挨了领导好几天训。

妻子感到委屈、伤心、厌恶，更感到不满、悔恨，自己对丈夫忠诚，丈夫却如此对待自己，她后悔嫁错了人。

坦诚、自由的结合是好的，而占有、嫉妒的结合是不好的。在封闭的婚姻里，排外规条的限制正好助长依赖和不安全感，而且必然导致嫉妒和怀疑。在封闭的婚姻中，占有对方，对对方的行为设定标准，必然会带来矛盾。

夫妻双方在情绪上取得独立，找到自我，获得安全感之后，他们之间才可能存在开放的交往。婚姻专家总结出以下几种最有助于成功地达到开放交往的条件。

第一，考虑优先次序。

当然，最优先考虑的应是你和对方的关系，在你对他的关怀所花的时间上优先。当你和其他朋友在一起时，仍然对你的配偶挚爱、关心、尊重是很重要的。毕竟一天只有24小时，一天中大部分时间要工作，其余时间才是和伴侣生活，一起劳动，共同照顾家庭，负起责任。最要注意的是，夫妻双方不要让其他的次要事件侵占夫妻在一起的时间，要弄明白做事的优先次序。

可以把婚姻中的坦诚开放扩展到与其他人的交往上，不过也有人曾这样说："说来真可笑，当我告诉一个男人，我可以自由和他出去，而我先生知道，也给我这个自由、信任我时，他简直不能相信。如果他有不相信的反应，那么他就不是我乐意交往的自由开放的人，因此差不多就此结束交往。"

第二，与成熟和独立的人做朋友。

尽量避免主动与依赖性强且婚姻不幸的人交往。当然，你可以帮助他们，劝劝他们，但不宜和他们有亲密共享的关系。太亲近会对他们造成伤害，因为他们可能会过分依赖你的帮助，并且把这种帮助作为婚姻创伤的安慰。也就是说，寻求成熟的朋友互相往来，这样做一方面是对他人负责，另一方面也是对自己负责。

有些夫妻在婚后都想保有各自的朋友，但有时却不喜欢对方的某些朋友，不过，如果遵守这些开放的交往条件，最后就会发现，自己会和对方的朋友相处得非常愉快。所以，如果你爱你的另一半，不妨在社交方面给彼此一些空间，这样他会感激你，也会更加爱你。

婚恋法则

如何不动声色地成为他的生活重心

两人相处，不是强行加入对方的世界，而是潜移默化地融入对方的生活，并且逐渐成为对方的生活重心。具体来说要怎么做呢？

1．让他感觉轻松

太关爱他、太讨好他，会把他宠坏；但太自我、太高傲，又会令他心里惧你三分。爱情需要适度的空气和养分，你永远是他身边不远不近、不离不弃的那个人。如果他打来电话想晚上一起出去吃饭，你就不要再固执地留在家里守着自己的锅碗了；如果他送你鲜花，你要夸他潇洒；如果他想独自待着，你掉头走开——但睡觉之前你要记得给对方适当的关切，让他感受到有你在的温暖。

2. 做他时刻都需要的空气

对于爱情，女人有时候会胆怯、犹豫，男人有时候更犹豫、更孩子气，比女人更少有勇气去承担爱。大多数时候，男人都希望做一只在水里游来游去的鱼，尽情享受自由。你应当慢慢渗透到他的生活里，令他身在其中，舒适而不自觉，既无压抑也无束缚，犹如水里的空气。早晚有一天，他会发现，如果没有了你，就像抽离了空气。

3. 最大化地发掘你们的共性

情投意合是建立在许多共同兴趣上面的，比如你喜欢看书，他也喜欢；你喜欢跑步，他也喜欢；你喜欢吃水煮鱼，他也喜欢……这么多共同的爱好，你们想不心灵相通都难。走进婚姻之后，你要继续发掘你们之间的共性，将这份心灵相通的感动长长久久地持续下去。

4. 讨得婆婆的欢心

再成熟的男人在妈妈面前也会做一个乖小孩。如果你能讨得婆婆的欢心，你的婚姻之路自然一路绿灯。只要婆婆对你一脸肯定，在他面前再三夸奖你，你的婚姻也就无可撼动了。

5. 做他的生活管家

你经常听到他叫唤：“亲爱的，我的袜子去哪里了？”“我的那件蓝色衬衣呢？”“我的游泳裤呢？”“我的冲浪板呢？”只要你一不在他身边，他就远离了称心如意的生活，生活得狼狈不堪。这时，他明明白白地知道：他的小窝缺不了你这个女主人。

6. 成为他的衣着顾问

男人都是爱面子的动物，尽管很多时候他们都对自己的外表打扮随意得很，但是他们也希望自己能穿戴得意气风发。这时，如果你能对他从头到脚进行一番细心的装扮，打造出一个潇洒气派的美男子，你在他心里的位置就更加稳固了。

不要默认自己为从属地位

婚姻是新生活的开始，在茫茫人海中他和你走到一起，不能不说是一种缘分。然而，结婚之后，夫妻间的角色需要准确定位，如果是误打误撞之后才悟出定位的意义所在，那为时已晚。

在良好的婚姻关系中，男女双方处于一种平等的关系中，情感交流处于双向互动的稳定状态，既能获得情感的满足，又能保留自我的个性。但一部分女性刚刚结婚就主动默认了在婚姻关系中的从属地位。这种关系定位直接影响了女性自身潜能的发挥，并且给婚姻埋下了隐患。女性为这种关系定位承担着极大的风险，一旦婚姻裂变，女性便成了理所当然的受害者。

对于自己寻找的相伴终生的人，童瑶的内心有一个答案，她要找一个能给自己安全感，让自己不用为生活担忧的人。不久，那个人出现了。男人高中毕业，是搞工程的，比童瑶大四岁。他在童瑶的学校附近有个工程，周末就到他们学校来跳舞。他的目的很明确，因为自己没有上过大学，所以，想找一个大学生当老婆“提高下一代的素质”。童瑶和他相识后很快就恋爱了，他们彼此之间都很清楚，对方就是自己当初要找的那一个。童瑶知道像她这样并非名校毕业的本科女生在激烈的竞争中脱颖而出获得好职位的概率很低，与其每个月为了几千块钱而劳累奔波，还不如在家里过着有品质的太太生活。而且既然结婚，老公养着也是应该的。

他们结婚花了不少钱，男人也是真心喜欢童瑶，很舍得为她花钱。他买了近200平方米的房子作为结婚新房，而且精装修，还给了童瑶父母30万元。童瑶的父母为女儿找到了这样一个好男人而高兴，向街坊邻居四处宣扬这位满意的女婿。

婚后的生活很悠闲，童瑶完全以自己的丈夫为生活中心。她包揽丈夫的一切衣食住行，把家里收拾得井井有条，把丈夫也打扮得气宇不凡。没过多久，童瑶生了个漂亮的女儿，家里多了个孩子，自然更加幸福。

但是，幸福的日子并不长久，问题接踵而至。因为童瑶生的是女儿，公婆很不满意，整天在她丈夫面前嘀咕：“再生一个吧，反正她闲着也没事，又不工作，也不怕被开除。”童瑶刚开始装作没听见，再后来她实在是忍受不了。

童瑶就向丈夫抱怨委屈，丈夫却说：“还好你没出去工作，这家里才几个人你都团结不好，更何况处理同事之间的关系呢？”童瑶听了自然不乐意，于是很快争吵起来，越吵越烈，吵到最后说的话越来越难听。无非是你一分钱不挣，白白地养你，还不孝顺我父母之类的。以后为这些事争吵的次数越来越多。

童瑶伤心难过地想：“这有什么办法呢？自己如今脱离社会已经那么久了，现在出去找工作谁要自己？真要离婚了，谁来养活自己？现在虽然整天吵，但至少生活无忧。”童瑶这样安慰自己。但自此以后，在家里童瑶越来越没有地位，委屈的泪水只能往肚子里咽。

童瑶的不幸，只能怪她自己。一开始就认定自己在婚姻中的从属地位，从来没想到婚后也应该独立，这样才能更加保障婚姻的稳定。两性心理专家介绍以下婚姻定位的误区，让女性更清楚地认识婚姻的定义。

1. 视婚姻为爱情的堡垒，忽视爱情经营

很多女人在穿上婚纱的时候会对自己的男人这样说：“你要永远爱我，我把我的终身幸福交给你了。”她们在婚姻一开始就抱着不为自己幸福负责的态度，这是一种懒惰的依赖心理。在男人点头的那一瞬间，就仿佛吃了定心丸。她们把婚前的无条件奉献都当作有偿投资，现在则只顾坐享其成，而且放弃再投资，最后坐吃山空。当爱情出现严重透支，男人离去时，她们才弄明白，婚姻不是爱情的堡垒，爱情并不是一劳永逸的投资，而是需要经营的。

2. 视婚姻为生命的全部，盲目地自我牺牲

有些女人在结婚后放弃工作，放弃亲人、朋友，放弃可以放弃的一切，以为这样就能抓住男人的心，其实这是一种赌徒心理。放弃一些不该放弃的东西，否认自己认为有价值的东西，顺应丈夫、取悦丈夫，听命于他的要求多于自己的情感和需求。这是一种无谓的自我牺牲，最终只能导

致女性丧失自我。在理想的婚姻组合中，应该有清晰的自我概念，不应做无谓的牺牲。

3. 一心做贤妻良母，却忽视自身建设

21世纪的今天如果还抱怨“我做牛做马还不是为了这个家”，那就太跟不上时代了。这样的抱怨也已经没人会同情。现如今，想做个好女人，就不要整天埋在家庭琐事中，更别整天蓬头垢面地埋头苦干，而要重视自身建设。只会煮饭带小孩的保姆型妻子，或是脑袋空空的花瓶型妻子，已不能满足大多数男人的需求，他们追求的是志同道合、心灵共鸣的伙伴型妻子。

婚恋法则

爱的法则

二人世界里，总有一些法则可以让生活变得更加和谐、幸福。这些法则是什么呢？

1. 晨起提意见

常言道：“一日之计在于晨。”为了在新的一天里更好地生活和工作，夫妻俩可以在起床后进行一些交流，有什么意见和看法，在临上班前提出来最适宜。

2. 回家展幽默

一天的辛苦工作之后，夫妻双方都会很疲惫，有时还会把工作中的压力带回家，此时难免会心情不好。所以，夫妻二人回家初碰面的那一刻，不应该是发泄的时候，而应该是“造气氛”的时机，为整晚营造一份好心情。

3. 吃饭寻开心

餐桌上，是夫妻二人最好的交流地点。吃晚饭时，夫妻最好谈些开心的事儿，来冲淡一天的焦虑和烦躁。愉快的心情可以增加食欲，消除一天的疲惫，增进彼此的了解，这对于特别忙的夫妻更为适用。

4. 饭后做家务

饭后，夫妻俩应共同收拾碗筷，洗刷一番。边做家务边聊天，是夫妻间最好的一种交流方式，既是“男女搭配，干活不累”，又沟通了夫妻情感，表现出丈夫对妻子的尊重和妻子对丈夫的体贴。

5. 电视要少看

如今电视频道越来越多，如果不间歇地观看，就减少了夫妻间的交流。所以，当夫妻俩看完一个精彩的电视节目之后，最好来一个“中场休息”，转换到“夫妻频道”上来，关上电视机，两口子当一回“节目主持人”，来一通“侃大山”。

6. 睡前多赞美

入睡之前，对爱人的赞美无疑是一首动听的“催眠曲”。想一想，爱人在这一天中，做成了哪些事，有什么不平凡的表现，这时认真地总结出来，给予赞美，当可愉悦身心，松弛神经，一夜好眠。

“孩儿他爸”是一个转折点

结婚顶多是男人生命的一个转折点，当男人成了“孩儿他爸”，他才能算是真正成熟。

“父亲”是一个每天都要与家庭发生相互作用的男人。千千万万的父亲下班回家以后和孩子们在一起玩耍，或吻着送他们上床睡觉，偶尔还会给他们讲故事，或者领他们去看球赛，或在周末领着一家人去野餐。这些使男人觉得他们与孩子保持着亲密的关系。平时，他们的主要活动放在家庭以外，每周这为数不多的几小时对他们和孩子来说十分宝贵。

有些父亲常常坦承自己感到内疚，因为他们没有做得更好一些。他们在夸张完自己如何每天步行送孩子去上学以后，马上又意识到那步行才不过10分钟；或者大谈他们经常如何带孩子运动，却又承认他们错过了一场学校运动会。然而，父亲常常赢得孩子们的高度评价，有一些孩子甚至可能觉得母亲每日的陪伴都比不上与父亲相处的短短时间来得重要。当这种接触时间短暂而紧张时，父亲就变成家庭范围内的一种特殊人物，几乎成了孩子心目中的英雄。

一般来说，“父亲”意象对男人的影响很深远。这种意象代表了抚养孩子的父母最基本的水平。父亲是英雄，是秩序维护者和通向外界的桥梁，是不能被人打败的力量，他承担了为自己的孩子提供基本信任和内部安全的工作，从而使孩子能够长大成人，离开家庭走向独立，并赢得自己独立的身份。

随着孩子年龄的增长，父亲不断地为孩子最终脱离家庭提供最有效的模式。随着青春期的临近，父亲越来越意识到孩子需要引导，以进入更广阔的世界。由于这种分裂者的角色，父亲常常激起孩子的反抗。孩子恨他侵入了他们的生活，对于他在剥夺他们对母亲的依赖中所起的作用感到气愤。但是，他身强力壮足以应付他们的反抗，所以在这一关键时期就形成了孩子的发展方向。

一般来说，父亲对家庭的作用常常体现在对子女在学习、就业方面的关心上。他可能为孩子的分数和在中学或大学的荣誉而焦虑，他可能为孩子们运动方面的才能或他们所加入的体育组织而操心。他对他们发展的关注在于他们作为“男人”或“女人”的地位，而不是作为孩子的地位；他盼望着有一天孩子会与他一起参加他那个领域的工作。

总之，一旦男人当了父亲，他们会从各个方面迅速成熟起来，给自己一个合理的定位。

第十二章
平淡——当激情消退，是习惯还是爱

锅碗瓢盆交响曲

当女人带着美妙丰富的想象和天真烂漫的愿望，步入婚姻的殿堂时，发现在白色婚纱的炫目光影后，不再有罗曼蒂克的情调，要面对的是平凡、单调的“锅碗瓢盆交响曲”。由天马行空到脚踏实地，理想与现实的极大落差，加之女人天生追求浪漫，让新婚中的女人陷入了迷茫和困惑之中，使她们产生了适应不良。其实不光是女人，面对这种心理变化与冲突，夫妻双方都必须及时调整。

1. 心理失落感调适

热恋与婚姻是有很大差别的，一下子从无忧无虑的浪漫跌入了琐碎、操劳的现实生活，产生了心理失落感。女方的失落感尤其明显，她们往往会认为丈夫并不如恋爱时那么爱自己了，其实，并不是她们所想的那样，只不过男人一般认为，成了家就该养家立业，只卿卿我我怎么行呢？于是他将很大的精力给了工作与事业，自然不会像以往那么殷勤了。另外，恋爱时双方都注意给对方以良好的印象。婚后，随着相处时间的增多，双方的缺点也都逐渐暴露出来，因此容易出现感情的摩擦，引起心理失落。

解决这个问题，最关键的是双方要互相理解和体贴，不要强迫对方按照自己的意愿行事；要正确理解并接纳恋爱和婚姻的正常差别，努力达到激情与琐碎生活的平衡。

2. 性格与生活习惯的磨合

新婚之后的一段时间是两个人的“磨合期”。性格需要磨合，生活习惯也需要磨合。生活是由许许多多具体的生活琐事组成的。两个人的出身、文化背景、性格特征、兴趣爱好都不尽相同，生活在一起难免发生矛盾。比如，一方喜欢整洁而另一方则乱放东西；一方不修边幅而另一方有“洁癖”；一方节俭而另一方却大手大脚，等等。所以，许多新婚夫妇经常为鸡毛蒜皮的小事争吵，伤害了夫妻感情，破坏了家庭和谐，甚至会闹离婚。婚后“磨合期”一般至少要半年至一年。在磨合期内，需要双方用包容的心去接纳对方的缺点，慢慢习惯彼此之间的差异。

3. 化解自由与责任的冲突

步入婚姻，必须承担相应的责任和义务。恋爱时虽然也需要负起一定的责任，但毕竟比较自由。比如，恋爱的时候，男朋友把你送回家之后，还可以和其他好朋友一起去酒吧喝酒，去KTV唱歌，结婚以后就不行了。如果丈夫经常和朋友一起喝酒、打牌，把妻子抛在脑后，妻子当然不能接受。结婚前，女孩除了享受男朋友的殷勤，回到家还能享受爸爸妈妈的照顾，吃喝不愁。结婚以后，妻子通常在下班后还要做饭，如果下班后就躺在床上吃零食、看电视，全然想不到丈夫下班后的饥肠辘辘，矛盾就难免了。还有，如果你的爱人在家排行最小或是独生子女，在家时一般都是别人让着他，那么其责任心可能要差一些，结婚后可能就不怎么懂得为别人着想，矛盾也就可能爆发出来。

矛盾是在所难免的，关键是双方要相互体谅，化解责任与自由的冲突。总之，结婚以后，双方都不能再“为所欲为”，要增强责任心，做一个像样的妻子或丈夫，婚姻才能持久。

婚姻不是爱情的坟墓，也不是浪漫的爱情童话，它是实实在在的生活。生活中不能没有锅碗瓢盆、油盐酱醋，婚姻中的不和谐、矛盾要由夫妻双方共同化解。总之，幸福美满的婚姻需要夫妻共同创造。

婚恋法则

理想的爱人是什么样的

一个理想的爱人不是只知道把爱放在心里，也会表现在行动上，具体是怎样体现的呢？

1. 知其好

要全方位地了解你的爱人有哪些爱好：爱读古典诗词还是言情小说，

爱听流行歌曲还是地方戏曲，爱游名山大川还是古都新城，爱喝雀巢咖啡还是西湖龙井……这些都应该知之甚详，烂熟于胸，并要尽可能地创造条件，投其所好，使爱人深深地感受到你的炽热之情。

2. 贺其喜

一个人在一生中会遇上许多大大小小的喜事。当爱人遇到喜事时，你千万不能无动于衷，漠然置之，而应该及时贺喜，这会使你的爱人感到这是一种精神上的体贴。他因此而喜上加喜，爱情也就随之升华。贺喜的形式多种多样：买一份价廉物美的礼物，说几句情真意切的贺词，甚至做一个讨人喜欢的承诺，都能使你的爱人陶醉。

3. 慰其劳

人在劳累之时最需要爱人的体贴。这时的体贴，是一种慰劳，一种关切，一种感情的倾吐。跟花前月下的山盟海誓相比，它更使人陶醉，更使人感受到阳光的灿烂，更使人品味到爱情美酒的甘醇。

4. 补其短

人各有所长，也各有所短。相知甚深的夫妻之间，不仅能深切地感受到对方的长处，也一定会清楚地看到对方的短处。面对爱人的短处该怎么办？鄙视嘲笑的态度固然很不道德，而听之任之的做法也不足取。真正体贴爱人的人，应该尽一切可能弥补其短处，鼓励爱人不断完善自我。这种体贴是最高层次的体贴。没有宽阔的胸襟，没有真挚的感情，就不可能有感人肺腑的体贴。

共享彼此的爱好

据专家们说：与爱人共同分享一件东西，不管是一杯饮料还是一个奇思妙想，都可以使双方变得亲密，而能分享爱人的特殊嗜好，更是获得甜蜜爱情的一种重要举动！有专家曾对几百对幸福婚姻者做过研究，结果发现，夫唱妇随是这些婚姻成功的关键因素。

“夫唱妇随”的基本因素是什么？共同的朋友圈子、共同的兴趣爱好和共同的人生理想，正是这些共同的东西把夫妻双方亲密地结合在一起。

现在，让我们来看一个生活中的实际例子。

亚瑟·摩雷和他的妻子是一对恩爱夫妻，结婚28年来，他们一直在一起从事舞蹈培训工作。

有人问摩雷夫人：“像你们这样天天在一起工作，如何才能避免陷入单调重复的生活方式呢？难道你们不觉得，要把你们的事业与私人生活分开，是一件十分困难的事情吗？”

“一点儿也不难！”摩雷夫人说，“只要我花一点儿小心思就行了。我总是想办法把自己装扮得妩媚动人。因为虽然我不在乎别人会怎么看我，但我十分在意我丈夫的感觉，由于我们天天在一起，也由于我们的职业的原因，我会比其他女人更在乎自我形象的完善。更为重要的是，我们能够共同分享许多爱好，只要我们一有机会，就会一起去享受这些活动的乐趣！上个礼拜，我们就利用假期到百慕大做了一次简短的旅行，共享我们旅游的乐趣，我们在不同的基础上也能融洽相处，并总是试图为我们的生活加入一点儿变化和情趣。”

是的，如果整天只有工作而没有娱乐，的确会使婚姻生活变得枯燥无味。如果妻子学会分享一些丈夫喜爱的消遣，不仅能丰富生活，还可以促成她想要的“夫唱妇随”的愿望呢！

心理学家哈里·史坦因梅兹在《临床心理学》杂志发表的一篇文章中写道：“在成功的婚姻生活里，能迎合对方的兴趣和爱好，可能比共同的兴趣和爱好更加重要。”

克里奥帕特拉，这位古埃及艳后，从没学过什么心理学，却精通不少支配别人的妙招。虽然克里奥帕特拉的美丽并不异常突出，但她能和别人分享快乐和嗜好，使得她面对男人“所向无敌”。

克里奥帕特拉通晓所有附庸国的方言，虽然她的祖先也很精明，但从没有人像她那样不怕麻烦地学会这些方言。当这些附庸国的使节前来朝贡的时候，克里奥帕特拉根本不需要翻译人员，她用他们的方言和他们亲切地谈话。这样她很快便赢得了他们的好感和热心支持。

仅仅由于罗马帝国的领袖安东尼喜欢钓鱼，于是，喜爱奢侈豪华的克里奥帕特拉就不举办大型宴会了，她会很耐心地陪安东尼一起去钓鱼。有一次，安东尼花了好几个钟头都没有钓到一条鱼，她就叫一个奴隶潜游到水底，把一条大鱼挂在他的鱼钩上。有时候，克里奥帕特拉甚至愿意化装成奴隶，陪安东尼跑到亚历山大城内的贫民区和低级赌场去狂欢作乐一番。无论如何，只要是安东尼喜欢做的事情，克里奥帕特拉也都乐意去做。然而，我们之中有多少人愿意穿上难看的长筒靴和粗布衣，不怕淋湿、肮脏和寒冷，满怀喜悦地陪伴自己的丈夫去钓鱼呢？

如果妻子学会从丈夫的休闲娱乐中得到乐趣，还用担心被丈夫抛在一边吗？丈夫还会留下妻子单独一个人到别的地方去玩乐吗？除非他是一个无可救药的自私自利者，要不然，就是因为你没有用心地负起自己的责任，来把你们的家庭变成一个可供休闲、消遣的快乐天地！

如果你爱你的丈夫，肯为他用心地打理自己和你们的家庭生活，何不记住这一条：爱他，就分享他的嗜好！

“大狗熊”，是一种浪漫

生活中，你是怎么称呼自己爱人的呢？心理学家认为，不同的称呼对婚姻会有不同的影响。

——喂，晚上几点回来啊？

——晚上有应酬回不去了。

在这种电话交流中，我们只能看到事实性交流，而无法听到情感表达。因为人都有想证明自己存在的需求，叫对方的名字会满足这种“自我存在”的需求，如果夫妻长期不称呼对方的名字或者昵称，就会弱化对方自我存在的意识，久而久之，感情也会疏远。

此外，与直呼其名相比，称呼对方昵称更有利于感情融洽。

“哎，回来的时候到楼下买一棵白菜！”

“大狗熊……回来的时候到楼下买一棵白菜！”

如果上面是一个妻子对丈夫的嘱咐，那么哪个更柔化一些呢？

因为对方不仅感觉到了自己的存在，而且这个昵称有可能是唯一的，这会让对方感觉到自己的重要性与唯一性。特别是在日常亲昵或性爱中含情脉脉的昵称，不仅会增进夫妻之间的亲密情感，而且会让夫妻关系变得浪漫美妙，并且使夫妻关系更加和谐美好。

昵称是情人之间的心灵密码。因为感情深而有昵称，因为昵称而增进感情。诗人徐志摩亲昵地称陆小曼为“眉”，大文豪鲁迅的一封封情书皆以“广平兄”开头。昵称在男情女爱间发挥着重要的作用，只有深入其中方能体味。徐志摩和陆小曼之间如此，鲁迅和许广平之间如此，众多平凡而情深的男女之间也是如此。

对爱人要多称呼昵称，那又该称呼什么呢？“哥哥妹妹”“姐姐弟弟”和昵称名字的一个字或者打情骂俏的粗俗昵称在新婚期比较浪漫，但是经过了一段事无巨细、磕碰腻烦的婚姻生活之后，夫妻间彼此既没有酸甜苦辣日子的那份阳光心气，也没有了婚前憧憬夫妻生活浪漫美好的那种情趣，更没有了夫妻恩爱花前月下的那份兴致耐心，这时我们就要在昵称上花些心思，时常变换，因为一成不变的称呼会让他听得耳朵长茧。

此外，新昵称还要有亲和力和新鲜美好的感情，让夫妻不生分，而且还要更利于交流，只有这样才能使夫妻情感生活常保时鲜、浪漫、美好。

婚恋法则

说给男人听的情话

热恋时，情话是恋人之间必不可少的调味品，而有些女人却总是以为说情话肉麻。其实，男人的心里并不是这样想的。情话是增进彼此感情的“润滑剂”，男人可以说肉麻的情话，为什么女人不能呢？肉麻的情话最能使对方获得满足感和快感。女人长得漂亮，不如说得漂亮。女人不妨把“肉麻情话”进行到底！

“啊！完了！我好像掉进了你的陷阱。”

“我只能在4种场合下去爱男人。第一是逢到趣味高尚的男人；第二是两个人都感觉到有火花的时候；第三是身体有所需求的时候；第四（也就是你的场合）也就是碰上理想对象的时候。”

“男性最不能原谅的是女人不爱干净的习性。可是，我认为你会原谅我，因为，你的宽容会抵消我的懒惰。”

“自从昨天跟你分手之后，到今天已经整整一个月了。”

“你的体味就是男人的味道。”

“你认为我在想什么？难道我有什么可想的吗？除了你的英俊之外。”

“我最害怕你的帅气。不过，话又说回来了，害怕跟喜欢根本就是一回事。”

“在情场获胜的方法只有一种。那就是，掉头溜之大吉。然而，你牢牢地抓住了我！”

“你具有一种神秘的气质。不过，你不会因此而讨厌所有的女人吧?”

“潇洒的男人能使女人悟出自己的宿命。以我而论，你就是这种男人!”

这些情话身为女性已感觉到肉麻了吧！但它们确实能让男人心花怒放，那么，你要不要去玩玩这个“游戏”使身心松弛一下呢？女人要明白，不空洞但讨人欢心的交谈，是博得男人欢心的最佳语言。下次你再和恋人交谈时，不妨试试上面的几句话。

宽容不是你忍什么，而是做什么

美国著名心理学家詹姆士说过这样一句话：“与家人交往，第一件应学的事，就是不要只注意对方的缺点，如果那些东西并不是激烈得与我们相冲的话。”挑剔对方的缺点可能是婚姻最大的敌人之一。聪明的人都有一颗包容的心，对于爱人的缺点会选择包容。

英国著名政治家狄斯瑞利在35岁时向一位富有且大他15岁的寡妇恩玛

莉求婚，恩玛莉既不年轻也不美貌，更不聪明，她说话充满了使人发笑的文字与历史错误。例如，她“永不知道希腊人和罗马人哪一个在先”，她对服装的品味古怪，对屋舍装饰的品味奇异，但狄斯瑞利没有过分挑剔这些。无论恩玛莉在公众场所显出如何无知，或没有思想，狄斯瑞利都不批评她；他从未说过一句责备的话；如果有人讥笑她，他立即站出来维护她。

狄斯瑞利也并不是毫无缺点，但在30年的婚姻生活中，恩玛莉也从未厌倦谈论她的丈夫，她总是在不断地称赞他。恩玛莉也常常幸福地告诉他俩的朋友：“谢谢他的宠爱，我的一生简直是一幕很长的喜剧。”

从狄斯瑞利和恩玛莉的幸福婚姻中，我们知道了包容在婚姻中的重要性，那么，夫妻双方在婚姻生活中应该如何保持宽容呢?

1. 能够用心听爱人夸夸其谈是一种宽容

丈夫在妻子面前吹牛，往往是因为缺乏自信或得意难控。如果妻子不能耐心倾听，那么，丈夫或自信受打击，或无人分享喜悦。

2. 能够允许对方做一些没有意义的小事是一种宽容

比如拿打火机拆来拆去，比如偶而打打游戏。丈夫往往透过这些癖好来达到心理缓冲。允许本身可能是一种更好的关切和督促。

3. 能够让爱人和朋友们消磨时光是一种宽容

每个人都有自己的小群体，在这群体中是一群与自己兴趣相仿、有共同语言的朋友，和这样的朋友在一起活动，是与同事、妻子在一起完全不同的感受。所以，允许对方有朋友圈是一种尊重。

4. 能够让爱人和其他异性交往是一种宽容

我们或因为兴趣相仿，或因为工作需求，都有与异性交往的时候，但并不是所有人都见一个爱一个。事实上，很多人都能掌控好这种交往关系的度。

5. 在对方不思进取时保持适当沉默是一种宽容

人的一生不可能一直一往无前。大多数人总会有周期性情绪波动和行为的调整。鞭打快牛的结果往往适得其反，我们并不总是需要激励。

人们常说女人要宽容，妻子要包容丈夫。那男人该如何表现他们的宽容呢？

1. 能够化解妻子的“唠叨联播”是一种宽容

妻子的唠叨多数是表达对丈夫的不满，所以丈夫应学会抚躬自问，在妻子的唠叨中发现自身的缺点、过错、毛病和陋习。有时，“唠叨”只是一种关心的方式，并没有过多负面情绪。

2. 能够陪伴妻子逛街购物是一种宽容

逛街是舒缓心理的一种方式，很多女性习惯通过逛街接触新事物、新信息，从而获得一种满足感。此时，丈夫细心周到的陪伴，更能让妻子感到温馨甜蜜。

3. 能够纵容妻子对浪漫的追求是一种宽容

女人是一种感觉动物，她们注重诸如浪漫之类的感情和情绪。丈夫的一束鲜花、一份礼物、一句温言软语，都会打动妻子那颗容易被感动的心。

4. 能够体谅妻子对其他女性的适度妒忌是一种宽容

女人会不由自主地和同性攀比，她们会关注每一位走近身边的女性。丈夫如果理解妻子的适度妒忌是对自己爱的体现，那么多一些宽容就会使夫妻关系更融洽紧密。

在婚姻生活中，宽容是一种心态，也是一种处理问题的方式，宽容对方，也是善待自己，用宽容之心经营婚姻，婚姻生活必将充满爱。

婚恋法则

夫妻间错误的相处模式

夫妻之道在于和，这个“和”字就涉及说话、做事等日常相处模式。正确的相处能够促进夫妻感情，错误的相处则会破坏夫妻感情。那么，哪些是错误的相处模式呢？

情景一：下班后，你仍然追问他的工作情况。

本来两人正在一起愉快地交流，她却突然冒出一句“今天工作如何”，他只是咕噜了一句“凑合吧”，就盯着体育节目不理了。也许她怎么也搞不懂为什么自己被冷落了。因为刚下班后不是跟男人谈正事的好时机。女人以为下班后聊天是与男人增进感情的一个好方式，但男人却更愿意与你在一起享受无言的宁静与温馨，不愿提及工作上的事情，即使工作的节奏和压力已难以承受。这种沉默行为也有他生理上的原因：男人的大脑在处理某件事时是相对专注的。当男人沉思于工作或专注于球赛时，他的大脑正忙于逻辑思维，而此时他的语言功能正处于休眠状态。

情景二：女人说话时，死盯着男人的眼睛。

不知你有没有注意到这样一个现象：如果你直直地盯着一条狗的眼睛，它可能会以为你有敌意而避开你，或者会扑上来咬你。男人的反应也大致如此。

男人和女人在跟同性谈话时，男女坐的位置和目光交流的方式是有所不同的。女人面对面坐着，倚靠在沙发上，眼睛直视对方；男人则肩并肩坐或对角坐，眼睛环视周围。对于女人来说，面对一个老是注视着天花板上剥落油漆的男人，她是很难敞开心扉的；而对于男人而言，谈话时有人盯着他，会让他局促不安，难以放松。

为了避开男性这个特殊习惯，可以利用在他身旁的机会同他交谈，如在车内、在电影院等，只要不死盯着他的眼睛，他会更舒适放松地与人交谈。

情景三：女人总期望和男人进行长时间的交谈。

男人的谈话既实际又有目的，所以当你进入闲聊状态时，男人会失去谈话的兴趣。男人是以音节为单位来思考和谈话的。这就是男女两性的基本差别之一。女人用谈话作为两人关系的柔和剂，她们对男人无所不谈以求密切关系。而男人则喜欢有既定目的的谈话。当你只是陶醉于有话可说的闲聊状态时，他却可能因为抓不住你的谈话要点而一头雾水，兴趣全无。这时男人可能会中止谈话。和男人交流千万不要只顾塞满男人每一个沉默的时刻，而是选择合适的话题、稳定的主题，不要让谈话时间太长，否则会令男人厌烦。女人在沉默时感到不安，男人则不然。所以，如果想打破沉默，不要喋喋不休，这样反而会令男人有意避开你，缄口不言，结果适得其反。

情景四：女人企图通过不断提及她和男人的关系来保持两人关系的热度。

很多女人都会在不同场合问男人：“我们的关系好吗？你爱我吗？”但是，不断逼问男人类似的问题，会令他离去。女人总是在不断提到她与男人的关系时，才感到两人的关系正常与和谐，而男人则恰恰相反，如果他认为两人关系正常，就不会提及它。女人需要细心冷静地检查男人的行为，了解男人的特性，而不用逼迫他说出心中不想说的话。因为他可能不会直接告诉你，但你可以通过他的一些无声的行为来判断他是否幸福。握着他的手，亲吻他，抚摸他，看他是否回应你的温情。男人更愿意通过行动而不是言语来表达感情。

情景五：诚实到不顾男人的感受。

虽然说诚实和信任是维护两人关系的基础，但有时女人最好放弃“不告诉他会伤害他”这个观念。有些女人以为如果不告诉对方真相，就会或多或少地破坏两人的关系，但男人只在有必要理由时，才会告诉你一些真相。

诚实地全盘托出比保留无伤大雅的秘密，可能对男人的伤害更大。所以说：“绝对的诚实也可能是很残忍的。”比如一个女人把她和前任男友的生活全盘托出，那就大错特错了，这会让现任男友受到极大的伤害。

情景六：女人用沉默来惩罚男人。

很多时候男人惹恼了女人，女人总是装作冷若冰霜，沉默不语，她想让男人主动检讨一下发生问题的原因。“女人利用沉默战术是因为她们认为在两人关系中男人多数处于主动地位，让男人主动认错会使女人感觉被重视。”

可是女人这样想其实是白费心机，因为男人特别不擅长解读这些微妙的体态语言。而且即使女人的行为非常明显，男人看出了女人的意图，他仍然可能一声不吭。男人认为沉默战术是一种无声的控制行为，他们的对策是：“如果她想要我干什么，直截了当地说就好了！”遇到这种情况，女人最好的办法是过一段时间，等自己冷静下来之后再告诉他对他哪儿不满，此时他会愉快地接受批评。

婚后的“皮格马利翁效应”

传说，古希腊有一位年轻的国王叫皮格马利翁，他擅长雕塑。有一次，他创作了一尊美丽的少女雕像，并把它当作有生命的人那样和它说话，爱它。结果奇迹发生了：雕像活了！变成了一位美丽的少女，最后两人结为伉俪。

如果说皮格马利翁的故事只是一个美丽的神话，那么，现在不妨听听这个真实的故事。

有一位男士，他的前妻总怨他不懂感情又没有本事而最终与他分手。他因不打算再“浪费”另一个女人的一生而不想再婚了。后来经不住朋友的热情撮合，与一位在文化馆工作的女子结了婚。没想到婚后两人感情很好，而且他自己也事业有成。他告诉朋友：“前妻老嫌我这也不是那也不行，我对自己也有点失望了。既然我无法使她幸福，就让她寻找自己的幸福去吧。现在的妻子却对我挺满意的，使我愿意为她的幸福而付出。其实我还是我呀！”后来听说，他与前妻偶遇，前妻幽怨地说：“假如你当初就像现在这样，我也不至于……”而他则幽默地说：“假如你当初就这样看我，我也不至于……”

国外的心理学家曾做过这样的实验：将两个班级的学生进行重新组合，随意地抽取学生分为甲乙两组。当然每组中都有成绩不好的学生。然后教师暗示甲组学生，让他们认为自己是经过智商测定而被选出的优等生并被学校寄予厚望。而对乙组学生却做相反的暗示。结果令人吃惊：甲组中原先成绩平平甚至较差的学生，其努力程度均比乙组中的优等生高，而学习成绩也呈上升趋势。相反，乙组中的优等生大多数不如实验前那样刻苦，成绩徘徊不前，而中差等生的成绩则呈较明显的下降趋势。心理学家把这种因高期望值带来的积极性反馈，以皮格玛利翁的名字命名，称为皮格马利翁效应。

我们可以这样通俗地诠释人际关系中的皮格马利翁效应：当你努力发现某人的优点和长处并且由衷地赞美他时，你就会看到他表现得越来越符合你所赞美的那种形象；而若将某人视为小人或恶棍的话，那么这个人的确就会以你所给他“画”的嘴脸对待你。这就是为什么同一个人会被不同的群体做出各异甚至相反的评价的道理。因此说，皮格马利翁效应是有正负的。

有一个稍偏离但与皮格马利翁效应有异曲同工之妙的故事。

传说苏东坡有一次拜访高僧佛印，谈得兴起，便披上佛印的袈裟问：“我像什么？”佛印答：“像佛。”然后问苏东坡：“你看老朽像什么？”苏东坡正得意忘形，便笑谑：“我看你像牛粪！”佛印笑而不答。事后，苏东坡得意地将此事告诉苏小妹，而苏小妹却当头给他泼了一瓢冷水：“你输了！”苏东坡惊问：“此话怎讲？”苏小妹答：“心中有何物便看得何物。佛印心中有佛，他看到的也是佛；而你心中恐怕当时只有污秽之物，你看到的自然也是牛粪了！”

夫妻之间也同样如此，妻子把丈夫当成理想的爱人去对待，就会激励对方成为她想让他成为的那种人。

婚恋法则

从“所说的”到“改变的”

每个人都是有缺点的，当妻子发现丈夫的缺点时，如何用智慧的方式让丈夫认识到自己的缺点并且愿意改正呢？这就取决于妻子的言语表达方式。聪明的妻子会以柔克刚，温柔地说出自己的不满，从而掌握主动。

其实，化解矛盾并不需要强大的力量或做出什么巨大的改变，它需要的仅仅是字眼的小小改变，这种小小改变能使人的话语充满神奇的色彩，而最主要的则是调节人的情绪，不要带着火气和抱怨，这才是建立和谐关系的秘密所在。

1. 不说“我正要离开你”

“说得对，我正要离开你！”这句威胁的话听上去好像很引人注意，但它们往往很危险，而且不给进一步的交谈留余地。一位专家解释说：“你的丈夫可能会对你说‘再见’，或者讥讽你不过是做做样子，而这两种结果都是对你的一种羞辱。”就算你确实怒气冲天一走了之，你们的关系也不会就此结束，尤其还要牵涉孩子的问题。

把那些一触即发的冲动放在心上，毕竟你并不是真的想离开。这种情况下，只要夫妻关系没有破裂，说出真实的感受可能有助于接触到问题的根本。不过，对于大多数婚姻而言，动不动就用离开来威胁，只能随着时间的推移而变成现实。美国西雅图葛特曼研究院的哲学博士约翰·葛特曼解释说：“这就有点像自杀，总是威胁要离婚的人，将自己未来的道路一点点地逼入绝境。”当你气急败坏、无法控制自己情绪的时候，你也只能这么说：“那给我一种想要离开你的感觉。”

2. 忌讳“你怎么能那样对我”

相互指责，夫妻双方都会感到受伤害。它间接地表达着你心中的怨气、怒气、遭到的羞辱和背叛。夫妻之间切忌说出这样的口头禅：“你怎么能那样对我？”而要委婉地了解伴侣这样做的目的：“这伤害了我的感情。什么原因使你那样做？”

例如：“你没给我打电话，我感到很伤心。是什么原因使你昨天晚上不和我说一声，那么晚还离开家呢？”这样说之后，夫妻双方才能以建设性而不是破坏性的态度表达各自的观点，从而打破僵局。这种方式也意味着双方都应该做好真正听对方说出事实的准备。

3. “这事你一直就没做对过”要改掉

当你责备你的另一半行为不当时，往往会指出做这件事的正确和错误的方法。虽然看上去你的方法可能最好，可事实上它常常带有主观偏好。葛特曼博士指出：“责难会使夫妻感情疏远。”在家庭中，两个人是相互平等的，当需要做家务活时，男人们必须抛掉让自己很舒服的想法；而女人也得放弃控制男人完成这件事的过程。显然，做他的顾问比对他指手画脚效果要好得多。

千万不要完全否定对方，像“这事你一直就没做对过”这句话要改为：“你是做了很多努力，但用这种方式是不是太费劲了？”不要吝啬对他的感激和肯定之词，这会令他乐于继续坚持下去。幸福的夫妻往往建立在彼此欣赏的基础上，学会赞美，哪怕是日常生活中最细枝末节的地方，也不要忘记说声“谢谢”。

4. 不要说“为什么你总是不听我说”

如果你说伴侣总是不听你的，这样的抱怨不仅满是责备而且还夸大了怨气。毕竟，即使是最忍让的人，对你所说的话也会在意几分。美国华盛顿大学社会学教授佩伯·施沃兹指出：如果你使用“总是”或者“从不”这样的字眼，你的丈夫此刻就不可能和你进行正常的交谈。同时，这种全盘否定的说法，也把问题的责任全部推到了他的身上。而以“这对我真的很重要”这句话作为开场，则会为你打开一扇进行建设性对话的大门。它会令你有机会提出解决问题的建议。

在表述自己的观点时要冷静。美国丹佛大学心理学教授赫沃德·玛克曼博士认为，通常妻子对丈夫最大的抱怨是他们完全不和自己说什么，而丈夫们最一致的看法却是说得太多会引起争执。因此，他建议：作为一名妻子，如果你想让丈夫不仅听你说，而且更多地和你交流，就要始终做到心平气和。

5. 切忌“我知道你就会那样说”

有很多话本身并非责难，除非你用的是含沙射影的语气。当妻子面带挖苦地说“我知道你就会那样说”时，无异于是在用另一种方式骂丈夫是个“笨蛋、蠢人”。

葛特曼认为：“轻蔑会加快婚姻的崩溃。离婚最明显的征兆之一，往往是无论你丈夫说什么，你都不屑一顾。”所以，“我知道你就会那样说”，要改为：“你以前就曾经这样说过，所以它一定还在困扰着你。”

6. 不要说“没什么不对”

回避问题只会让事情更糟。伤口总是会化脓的，你的痛苦会将你们的关系抛向更为混乱的境地，并逐渐深化。

首先，承认有不对劲的地方，即使你并不准备立即谈论此事。这样做有助于消除紧张气氛，并使你们两人处于寻求解决之道的同一条路径上。然后，计划好在第二天晚上或是这个周末，大家坐下来慎重地谈论双方的问题。

尽量不要说这样的话：“没什么不对。有什么让你觉得不对的？”而要说成：“是的，有些事确实有问题。”

7. 尽量少用“你简直令我快疯了”

当你生气的时候，你得明确表达，是什么在影响着你的情绪。美国明尼苏达州圣保罗大学家庭社会学教授、哲学博士奥尔森认为，笼统地否定一切只会令婚姻关系更加紧张，特别是解释清楚你生气的理由极为重要。你需要强调他的行为带给你的感受，但不要列出一大堆的抱怨和委屈的清单。

奥尔森博士解释说，“你简直令我快疯了”这句话，意味着你的情绪经过长时间的压抑之后，已经上升到了一个过激的水平。“你简直令我快疯了”这句话尽量少用，而要说：“你那样做，我真的很难受。”例如，“当我想跟你说话而你只顾自己看电视时，真的叫我很难受。”另外，生气时，越早说出自己当时的感受越好。

8. 别说“你总是偏袒孩子”

“总是”这个词是一个红色的危险字眼，充满谴责并常常引发怒火。而且你的丈夫也会因此而处于防御状态，武装自己只待一战。不要强硬地说：“你总是偏袒孩子。”而要以商量的口吻说：“父母作为一个整体，我们的意见需要更为统一。”

在教育孩子方面频繁地意见相左，不仅会产生反作用，还可能造成家庭分裂。生活在吵吵闹闹的父母中间，孩子会对你们的不和渐渐习以为常，他们也许会把你们婚姻的不幸归咎到自己身上。

在处理这方面的分歧时，一定要避开孩子，将所有的委屈及意见都暂时保留一下。如果你们之间育儿理念的差异已经大到影响婚姻的程度，你们不妨考虑接受专业人员的咨询服务。

女性朋友们应该学会用温情的言语对待丈夫，如果和丈夫说话总是生硬的，或者你的本意也许是好的，可话说出来就会变了味。因此，最好改变你的表达方式，温柔地说出你的不满，这样既可以改变他，还能维护感情。

爱的五种语言

有这样一个事例：

著名银色夫妻布鲁斯·威利和黛咪·摩尔终于在谣言满天飞数年之后，以离婚结束了他们11年的感情生活。这一对佳偶曾经羡煞了多少人！一个威武有力、魅力十足，一个娇媚多情、光彩四射，想当初他们的结合曾经是那么风光，那么引人注目，而今，物换星移，丈夫怀疑妻子不忠，妻子厌恶丈夫的不信任，终于反目成仇，各奔东西。

这个悲剧的酿成，是因为当事人没有学会爱的语言。夫妻均是因爱而结合，当两个原先陌生的人组成一个家庭后，爱不仅要放在心里，更应该用实际行动或语言表达出来。美国著名的婚姻家庭专家盖瑞·查普曼博士在他的著作《爱的五种语言》中列举了以下几种爱的语言。

1. 肯定的言辞

美国著名作家马克·吐温曾说：“一句称赞的话，可以让我活两个月。”如果我们从字面上来解释，一年中有六句称赞的话，就能使马克·吐温愉快地活着。但你的伴侣恐怕需要更多一点儿。

肯定的言辞，尤其是赞扬的字句，是感性地表达爱的方式之一。许多夫妇从不知道以言语肯定彼此，也不知道肯定的语言会有惊人的力量。所罗门这位古希伯来智慧书的作者说：“人心忧虑，屈而不伸；一句良言，使心欢乐。”

口头的赞扬或欣赏式的话语，乃是“爱”的有力沟通工具。赞赏的话最好以简单、坦率的肯定字句来表达。例如：

“你穿那套西装，看起来很帅！”

“你穿这件西装，好看极了！”

“你是全世界最好的厨师，我真喜欢你做的这些菜。”

“我真感谢你今天晚上帮忙洗碗。”

“谢谢你今晚安排了保姆看孩子，我知道，你在乎我。”

“谢谢你把垃圾袋拿出去。”

如果丈夫或妻子经常听到这些肯定的言辞，婚姻生活会有什么变化呢？不妨从现在做起，称赞伴侣为你做的每一件事。

爱的目的不是得到你想要的，而是为了你所爱之人的福祉去做些什么。无论如何，这是事实。当我们听到肯定的言辞时，我们就会被激励，并愿意回报。

2. 专注的时刻

“专注的时刻”是指给予某人全部的注意力。这不是说坐在长沙发上一起看电视，当你那么做的时候，是A或B电视台吸引你的注意力，而不是你的伴侣。你们应该坐在长沙发上，关了电视，注视着彼此并交谈，给对方全部的注意力；也可以散步，但只限你们俩在一起；或者上个小馆子，彼此注视着对方交谈。你有没有注意到，在餐馆里，你几乎总是看得出婚前约会的男女和已婚夫妇间的不同：约会的男女彼此注视着交谈；已婚夫妇则坐在那儿东张西望，你会认为他们的目的只是去吃饭。

当你全神贯注地跟爱人坐在沙发上20分钟，而且对方也如此待你的时候，你们是把生命中的20分钟给了对方，这20分钟过去就不会再回来。你们彼此的给予是爱的一种有力的传达方式。

3. 成为送礼物的高手

恰当地送礼物，或许是最容易学到的爱的语言之一。此外，有一种无形的礼物，就是你自己，你可以把“在场做伴”作为厚礼，献给你的伴侣。

礼物是这样一件东西：你可以拿在手里，说“你看，他想到了我”或者“她仍记得我”的东西，你一定是想念什么人才给他送礼物。礼物本身是思念的象征，它是否值钱，无关紧要，重要的是你想到了他。而且只是在你心里的想法不算数，你的思想经由礼物实际表达出来，而且把它当作爱的表示送出去才算数。

礼物有各种尺寸、颜色和形状，有些昂贵，有些廉价甚至免费。礼物是爱意的表达，对于收礼物的人而言，礼物贵贱不重要，重要的是送礼的人“用心”了。如果一个家产百万的富翁，经常送价值1元钱的礼物给另一半，那另一半可能会猜疑，那是否是爱的表示；可是，当家庭经费有限的时候，1元钱的礼物也可以表达无限的爱意。

礼物可以是买来的或者自制的。丈夫在路旁停下来，为妻子摘一朵野花，这是一种爱的表示，除非他的妻子对野花过敏。可以花几元钱买一张美丽的卡片，也可以自制一张卡片。甚至可以找一张纸，从中间对折，用剪刀剪出一个心形，写上“我爱你”，然后签上你的名字。

4. 服务的行动

所谓服务的行动，是指做伴侣想要你做的事。你借着替对方服务，而使对方高兴；借着替对方做事，来表示你对对方的爱。

这样的行动包括：做饭、摆餐具、洗碗、扫地、刷马桶、把地漏里的头发拿出去、擦镜子、清理车窗、扔垃圾、替孩子换尿布、粉刷浴室、擦拭书架上的灰尘、遛狗、换猫砂及换鱼缸里的水，这些都是服务的行动。而这些服务都需要花费时间、努力和精力。

5. 身体的接触

身体的接触可以建立或破坏一种关系，可以传达恨或者爱。对习惯于将身体接触作为爱语的人来说，身体的触摸远胜于“我恨你”或“我爱你”的字句。

我们早就知道，身体的接触是沟通情感的一种方式。在儿童发展方面，无数的研究证明：有人拥抱、亲吻的婴儿，比那些长期没人理会、没能接受身体抚触的婴儿，在情绪发展上会健康得多。

身体的接触，也是沟通婚姻之爱的有力工具。牵手、亲吻、拥抱，都是一个人向伴侣表达爱的方式。对有些人来说，身体的接触是他们主要的爱语，缺少了它，他们感觉不到爱；有了它，情绪的箱子就满了，而且在伴侣的爱里，他们觉得安全。

婚恋法则

如何调配爱情

婚姻，就像是一杯鸡尾酒，它需要各种美好元素的调配和共存，以下正是这杯美酒的调配元素。

1. 爱美

不要相信只要人品好、性格好就可以找到好男人，记住，女人的美丽在男人心目中永远是第一位的。当然，美丽不等于一定要天生丽质，也可以经由精心打扮或提高内在素养和个人气质来获得。

2. 体贴

每个男人都渴望自己的爱人体贴自己，尤其用在情绪低沉的男性身上更是有效。不过，切记不要“体贴”过头，想把男人的什么事情都弄清楚，结果只会让男人觉得失去自由。

3. 烹饪技巧

“留住男人的心，要先留住男人的胃。”这句话是至理名言。不会做饭的话，买本菜谱赶快学上两招，也管用。

4. 小鸟依人

时常表示你很在乎他，不能没有他，这会使男人陶醉。

5. 害羞度

女人的羞涩是男人最愿看到的，那绯红的两颊是吸引男人的一张王牌。

6. 醋劲

女人的醋劲，有时会让男人更有满足感，但切记不要变成“醋坛子”。否则，反而会使男性对爱情产生不安全感。

7. 偶尔任性

不要事事顺着男人，有时也要适度耍点儿“小脾气”，因为男人是容易被宠坏的。

8. 制造美丽的意外

你可以偶尔给男人一些惊喜——好好地策划一番，和他不期而遇；把自己当作礼物“送”到他面前。甚至可以玩这样的游戏：他快下班时在他公司附近的街角打电话给他，但别告诉他你在哪里，最好让他误以为你在家里。等他走出公司，赫然发现你在面前，那种惊喜是很戏剧性的。不过，可惜的是，这种游戏大概只能够玩一次，太经常就没这么惊喜了。同样的惊喜也可以安排在飞机场、火车站。你没有说要去接他，却突然出现，他一定非常意外、感动。

9. 帮他梳梳头，给他幸福感

当男人洗完头走出浴室的时候，如果你能亲自为他拿条毛巾擦拭头发，再用吹风机帮他吹干，他一定会觉得自己很幸福。吹头发的时候，一手拿着吹风机，一手要把湿头发弄松、拨开，吹出好看的发型……做这个亲昵的动作，一定得“近距离”操作，就这么挨挨碰碰、磨磨蹭蹭之下，怎能不亲密呢！

10. 把他当大男孩哄

男人伤心的时候，像个“大男孩”。这时的你不妨挨着他坐，双手环抱着他，静静地陪伴着他。能够递几张面巾纸给他，当然很好；不过，如果因为要拿面巾纸而离开他身边，不如干脆不要拿，就让他把眼泪落在你的衣襟上吧。

第十三章
激情——“性福”二三事

男人通过性来感觉爱

美国心理学大师约翰·格雷的《男人来自火星，女人来自金星》系列图书中说道，男人因性而爱，女人因爱而性。为什么会这样呢？他说：“男人需要通过性来感觉爱。几千年来，不断进化的结果，男人学会了抑制自己的感受和情绪，以适应他们保护者和提供者的天职。大多数男人认为，完成工作比花时间解释感觉更为重要，更多的感觉和感情只会损害他们达到目的的意志。男人的天职和本性决定了他需要通过性来感觉爱。在茹毛饮血的时代，男人投入野蛮的战斗中，必须把他们的感受放到一边。为了养活他的族人，保护他的族人，男人不得不随时接受死亡的挑战，也要常常忍受酷暑和严寒的折磨。在适应生存要求的过程中，男人渐渐变得麻木。事实上，这种差别戏剧性地表现在皮肤的敏感性上，女人的皮肤比男人的皮肤要敏感10倍。

“为了抵抗疼痛，大自然让男人学会了关闭自己的感觉。然而，男人不再感到疼痛的同时，也失去了对幸福与爱情的敏感。对于多数男人来说，用锤子敲手指或者看一场足球比赛根本无法让他们重新敏感起来，性爱却能，并且性爱绝对能使男人获得最敏感的体会。性爱让男人重新学会感觉。当男人的感觉被唤醒后，他再度发现了隐藏在内心深处的爱情。通过性爱，男人重新获得感觉；通过感觉，男人再次回到灵魂深处。”

科研结果表明：男性大脑负责控制性意识区域的面积，几乎是女性的两倍。这一点，也是很多男人比女人好色的原因之一。美国加州大学精神学家早前就发表过一份性学报告，其中指出：男性平均52秒就会联想到性方面的事情。对于男人而言，性可以只是性。只有当他们觉得有必要时，才将性和爱统一。所以，当一个男人进入一个女人的身体时，可以仅仅是发泄，而与爱情无关。

从古至今，总流传多情女子负心汉的故事，梁山伯与焦仲卿那样的痴心男却很少。总听到身边女子悲悲戚戚地为无法挽回的爱情而哭泣，却鲜有男人为昨日凋零的玫瑰流泪。在千古绝唱的宝黛爱情中，宝玉不过是有情义的好男人典型，他的爱也是要屈服于现实和家庭的威慑；而女人的爱就如林妹妹常年不止的泪，黛玉葬花体现一个女人无奈地埋葬自己和爱情的过程，黛玉的爱情就是一个女人典型的爱情，生生地要了她整个生命。

其实，恋爱中的女人不仅沉湎于爱情，也像男人一样喜欢性爱，她们性欲的强烈程度绝不逊于男性。有所不同的是，女性由于长期社会习俗的约束，她们的性欲内敛而不显露，而男人则直露得多。女人只有在爱情的前提下，才能感觉到对性的强烈渴望。女人倾向于先有爱，再有性，即使有的女人跟不爱的男人建立了性关系，她在这个过程中也感受不到性的快感，她可能是出于金钱、报复、取悦或是别的什么目的。

男人的性是本能，它可以与爱无关，但男人的爱却不等于性，它也可以与性无关。当男人走向真爱的道路时，我们会发现，他们的爱深沉而广阔。他爱着，同样也尊重着。当恋爱的激情逐渐沉淀为生活的柴米油盐，并步入平淡时，男人们是否还能坚守当初的那份爱情，是个很大的难题。但是只要找到了答案，寻求到了真爱，就能让爱情更加坚固。关于这点，我们再来看约翰·格雷博士是怎么说的：

“刚开始交往时，男人首先就被漂亮女人靓丽的外表、性感的身材迷住了，尽管他对她一无所知，但被本能冲昏了头脑，他毫不犹豫地便开始疯狂地追求她。一旦男人感觉到性冲动，相当多的男人都会认为他对这个女人了如指掌。他对她充满了兴趣，他愿意流连在她的身边，甚至他会认为自己已经不可救药地爱上了她。其实，真正的考验在于：在他渐渐真正了解了她之后，是否还依然爱她。尽管一时激情看似情意绵绵，但这并非真爱，同样也难以持久。唯有历久弥坚的感情，才是真正的爱情。”

有时候，在一场失败的恋情中，男女双方都负有不可推卸的责任。他们一开始就把注意力过多地集中在肉体方面，却不重视创造了解彼此的机会，爱之不深，思之不切，也就很难发现对方是否与自己性情相投，心心相印。

亲爱的，你得学会等一等

即使你非常喜欢一个男人，也不要让他知道。给他一个暧昧的性暗示很容易得到回应，因为他早已蠢蠢欲动，并且一直想以性爱来诱惑你。比如，如果你已经脱去了上衣，或者你们在沙发上一边接吻，一边有挑逗动作，几分钟以后，他认为你已经做好了准备，在这个时候，你如果说“不”，就如同给孩子一块糖以后，又从他手里拿走。这样，会使他感到非常沮丧，并遭受打击。一旦这样的情况多次发生，他几乎不会再奢望在游戏中得到你，因为你已经剥夺了其中的所有乐趣。于是，他从对你由“性”致盎然变为愤愤不平。如果他觉得自己被戏弄了，他完全有理由放弃对你的追求。

遵守如下原则，既可以确保你把性事拖后，又不至于让他在得到你之前，认为你在戏弄他。

1. 表现出你对他的在乎

让他知道你在意他。例如，当他拥抱你时，抱紧他，闻他身上古龙香水的味道；或者告诉他，他看上去很帅。你应表达出你只是在等待时机，而不是一味地拒绝。

2. 学会温和地倾听

你应当让他既把你当成朋友，又当成情人。如果他喋喋不休地谈论自己，特别是如果他有一点儿紧张，就是一个极佳的信号。因为如果他喜欢你，他就会竭力展示自己。

3. 活动最好安排在白天

如果你和他白天骑自行车去玩，那就是“亮起了红灯”。但如果是在午夜时分，你们俩一边裹着毯子坐在壁炉前，一边拿着一杯葡萄酒，他会觉得你可能已经“亮起了绿灯”。

4. 适时给他温情的热吻

亲吻一定是在出门时，或在不会逗留太久的地方。尽管你们可能在地上、床上、沙发上拥抱，但在你们单独相处的时候，不要让他的行动升级。

5. 约会后不要让他进你的房间

在最初的外出约会时，分手的时候已经是深夜了，他可能想进你的房间。如果你断定他有所企图，一定要让他的告别行动在门口完成。

6. 谨慎对待黄色笑话

很多时候，男人会用黄色笑话来试探你的容忍度。不要故作正经——听别人讲笑话时你可以笑，你也可以开玩笑。但是，不要停留在性的内容上，这样的话，他会误以为绿灯亮起。

7. 显示出你是有情趣的女人

与他手拉手，或把你的头倚在他的肩膀上，这样会使他感到自己身上的男性魅力。你们看电影的时候，轻轻地触摸他的腿，但不要挑逗他——这只意味着两个膝盖靠近。

8. 不要犹豫不决

即使你真的在徘徊，也不要表现出来。不要不停地告诉他需要再等一个月；不要挑明他是否已经兴奋起来，不要提前告诉他你就快准备好了。如果你尚未准备好做什么事，就不要给他制造做这种事的机会。

9. 别相信类似“我们只是搂抱”的话

即使你们相识已久，即使他是一个有非凡克制力的地道绅士，也要如此。你此番的目的，并不是戏弄他。

事实上，如果他真的喜欢你，即使他会巧妙地给你施加压力，但在他的内心深处，仍希望你让他再等一等。他希望你是“与众不同”的。他想给你留下优雅、冷静与潇洒的印象。他希望你能领会他讲的笑话，并认为他是风趣的。他要的是一个女神，他要的是一个非凡的女子。那么，你怎样才能给他留下这种印象呢？很简单，让他追求你，别太轻易地交出身体。

婚恋法则

什么是慢性爱

性爱本身和享受它的过程都是可以“慢慢来”的，以便体会其中的美好和缠绵。

1. 不要苛求高潮

与爱人缠绵时，你最在乎什么？是过程还是结果？许多人认为，能否达到性高潮成了性爱是否完美的标志。其实，不能达到性高潮并没什么可怕，因为身体的爱本来就是情感上爱的延续。如果怀着取悦对方的态度进行性爱，就可能让人产生焦虑，如果不成功，还可能让人信心降低，甚至与热情擦肩而过。

2. 慢不是拖延

慢节奏的性爱并不是一味地拖延，放慢节奏是为了享受一段舒缓感性的爱，并不意味着要刻意拖延性爱过程，不要忽视与爱人用眼神交流，用拥吻感染对方宽衣等细节。夫妻在过性生活时，从双方性兴奋开始到性高潮结束，正常情况下，持续时间是5~15分钟。

在进行性生活时，不仅双方性器官处于高度充血状态，而且从性兴奋期到高潮期，身体的许多组织也参与了这一特殊生理过程，心跳加快，血压升高，呼吸加深，排汗增加，等等。

如果性生活持续很长时间，就会令人感到疲劳，甚至出现精神倦怠、全身乏力、肌肉酸痛等不适，严重影响第二天的工作和生活，还可能引发男女生殖系统疾病。

3. 男女双方都应是性生活的主角

性生活不是一方对另一方的“给予”，或是一方简单地“接受”，在性生活中，男女双方都有责任和义务成为主角。如果老是让男人占主动肯定会影响他的兴趣。既然这种两性生活是夫妻两个人的事，女人也可以瞅准时机，对男人主动出击！

你是天生性冷淡吗

作为性功能障碍之一的性冷淡，又称性感缺乏或阴冷。它主要表现为缺乏性欲，对性生活没有要求，对性交表示冷漠、不喜欢或厌恶，在性交时感到焦虑、不适或疼痛。有的女性虽然并不主动回避性交，但性交时不能做出适当的性反应，缺乏快感，或快感不明显、不满足。有的女性甚至不知道什么是性快感，从未体验过性高潮的感受。

一般来说，发育正常的成年女性，在身体内分泌的影响下会本能地对性生活有着向往和期待。但是，调查显示，女性性冷淡的发生率颇高。这不禁使人产生疑问：难道她们天生如此吗？当然不是。古人云：“食色，性也。”性欲同食欲一样，生来就有，只不过性欲是在性成熟后才能淋漓尽致地表达和释放出来。那么，为何有的女性会出现“性冷淡”呢？

一般来说，性冷淡主要由心理因素导致。

1. 过分抑制自己的性欲

受传统观念影响，有些女性视性交为不光彩的举动或不洁的行为，因而尽量压抑性欲，偶然有之，也被扼杀在萌芽状态。这样的女性，在性生活中往往是勉强应付或仅为达到生儿育女的目的而已。

2. 环境的影响

缺乏一个有安全感的环境而使精神无法集中，或处于戒备状态下，性生活不敢放心进行，慢慢造成性要求的淡漠。

有一对农村夫妇，自从搬到婆婆的隔壁屋之后不知不觉都表现为性冷淡。问其详情方知个中底细。原来，婆婆与其住房仅一板之隔，老人家很疼爱儿子，每听到隔壁有一些特殊声响时便敲隔板，要儿子早点睡觉，提醒他明天还要干活。自此，夫妻做爱时常常提心吊胆，生怕婆婆又要来敲板警告。不久，夫妻都感到性生活质量大不如前。

3.情绪的影响

在某种情况下，激情受到了突然的冲击或冲淡，会慢慢地降低性兴趣。有一位女性反映，性生活时，丈夫动作十分粗鲁，当她要求轻柔一点儿时，丈夫就极不高兴，有时甚至直接中断性交独自到外屋喝酒。如果总是在性生活中途产生负面情绪，久而久之，就会形成性冷淡。

4. 性生活方式呆板

性生活方式一成不变，而且每次同房都没有什么准备工作，丈夫心血来潮后一泄了之，妻子刚开始有些兴趣时却又只能独听丈夫入睡后的呼噜声，这种被遗弃感渐渐形成了对性的淡漠。

5. 缺乏性知识

这往往会导致女性对性交心存恐惧，害怕性交会产生疼痛。有的男性在新婚之夜不懂女性心理，动作粗暴急躁，只在意自己而不考虑妻子的感受，妻子不但没有体验到快感，相反还感到不适或疼痛，就会对性生活日益冷淡。

6. 恐惧怀孕

有些女人担心怀孕，同时又无可靠的避孕措施，从而抑制了正常的性满足，这样也会造成性冷淡。

7. 感情因素

夫妻感情不和睦，互相不信任、猜疑或反感，无法产生性兴奋。

8. 对性器官厌恶

有些女人觉得自己的性器官不美观，因此会产生对性的幻灭。这种认为性器官不美观，就和认为性行为很痛苦的观念一样，会使许多女性拒绝接受性生活。

9. 工作压力大

女人因工作太累，身体常常疲惫不堪，体力不支。因此，她就会下意识地拒绝夫妻性生活，甚至忘记生活中有这样一项必不可少的内容。

总之，无论何种原因，“性冷淡”已然成为一种心理疾病，可能影响家庭的稳定。因此，我们要正视这一问题并采取积极措施，不能一味地消极抱怨。

婚恋法则

错误的性认知

性爱是私密活动，但并不丑陋。我们要避免一些错误的性认知。

1. 性是肮脏的，令人羞愧

性是人类的本能，无所谓肮脏或丑陋，健康正常的女性有性欲，更不必觉得羞耻。

2. 性爱是一种本能，谁都会

性虽然是本能，顺着本能走，却不一定会有美好的性爱，伴侣双方不但要了解性知识，还要懂得性艺术，光靠本能应付不来。

3. 性爱是一套呆板的公式

没有固定公式，只有单方面发泄性欲，才会造就呆板的公式。彼此花点时间讨论性生活，调整心态，家事、公事、儿女事，再怎么忙，也要好好享受一场性爱。即使老夫老妻，适时发挥创意，赋予新鲜感，也有助于提升激情指数。

4. 性爱应该由男性来引导

女儿家不胜娇羞的神态与迎合间的矜持，常令男人着迷，因此许多女性不自觉地把性行为的主动权交在男性手上。现代女性享有性爱自主权，何不放下身段，化被动为主动，由你来放电求爱，挑起他的性欲呢？一定能增加闺房情趣。

5. 喜欢性爱的女人都下流

性爱的极致就是灵肉合一，追求这种境界，没有性别之分。喜欢性爱没有罪，既然男性总是以性能力证明男性雄风，女性喜欢性爱，当然不是犯贱，更不是花痴。

6. 安静的性爱是一种教养

性爱是正常的生理反应，无关教养不教养，只要不影响他人，你完全可以采取你想采取的表达方式。

“有声有色”的催化剂

在两性相处中，无论从哪方面看，女人的风情绝对是煽情惹火，令男人兴趣大增的事情。人是感情动物，适时适当地给予滋养，感情之树便会四季常青。而这一过程，就是人们常说的调情。

过去的研究相信调情过程是由男性主导。就像自然界里雄性对雌性求偶一般，男人在看到喜爱的女人之后，受内分泌驱动向她发出爱的邀请，企图在众多求爱者中拔得头筹，获得青睐。然而，最新的研究结果却显示，整个过程的大权是掌握女性手里的。女性会对心仪的男性传递信号，鼓励他对自己发动追求攻势。

调情是爱情“有声有色”的催化剂，会调情的女人绝对是“性”力十足的女人。恋爱中的女人，若善用“调情”，将加速一段恋情的升温。

当男女恋人独处时，不妨以小动作增加两人的接触：适时轻拍对方的手背表示赞同其意见，轻抚其头发，在其耳边细语，让两人的膝头不时相触。有许多女人误认为当感情步入稳定之后，就不再需要调情来增加情趣。其实，适当地调情不仅可以重燃初识时的恋爱之火，更能够让性欲“起死回生”。以下有几点调情守则，效果出人意料。

（1）边深情地凝视他，边伸舌轻舔上唇；两人独处同行时，在他耳畔轻轻诉说对他的倾慕或赞美，甚至大胆地说出惹火煽情的情话，等等。精神医学家根据多年临床经验表示：对于男人来说，肉体上的亲密接触往往比在心理上了解“被需要”更能增强他的安全感。所以，适时地对伴侣调情，绝对能使恋情迸发出不一样的火花。

（2）调情给恋情带来正面影响，而学习如何“卖弄风情”也有助于开发自我，使自己克服胆怯的个性，享受亲密关系。从表面上看，一个勇于开发自我的女人性感、活泼，在两性互动中如鱼得水，而在生活层面上，她不仅更积极进取，遇到挫折与困难也能较好地克服。也许一个女人会因自己没有傲人的胸围、窈窕的身材和妩媚的气质，而从不觉得自己有与男人调情的潜力。其实，一位吸引人的调情者重点并不在于拥有美貌，而是展现自信与专注。专注的眼神与美好的仪态是最有效的调情手段。其实，细心观察，体会对方的需要，就是最令人无法抗拒的调情方式。

（3）两性相处，坦承性需要，让伴侣了解如何取悦自己，才能让两人更快速地到达感官愉悦的巅峰，这也是调情的功用所在。

“让调情成为生活的一部分”并不是鼓励你做一只不甘寂寞的花蝴蝶，而是了解经营两性生活的重要性，将它内化为个人特色的一部分。这有益于处理好两性关系，因为爱人永远不知道下一步你会带给他什么惊喜。

别说话，吻我

月色清朗，一天的马不停蹄终于得以在枕边静谧，他神色迷离，温柔的目光讨好而渴望，氛围暧昧。此刻，他眼中的你分外妖娆，而你一张嘴，却让本来激情的气氛立刻降到冰点。如果这样的事情经常发生，能不影响甜蜜的两性关系吗？所以，我们要未雨绸缪，别再让不合时宜的枕边语搅了局。

1. “今天交水电费，你猜多少钱”

本来温柔的夜晚，本来放松的心情和身体，立刻变得紧绷，破财！还有比这更闹心的事吗？注定满脑子大钞横飞的夜晚，除了找讨厌，你已别无所得。

2. “刚才是谁打来的电话呀”

觉得自己很幽默吗？你酸溜溜地强调，一副挑衅的表情，好像捉奸在床，男人此时唯一的想法就是让你的预言实现，否则总是顶着窦娥的冤名，男人宁可被骂死也不愿被冤死。

3. “你大学同学都当厅长了……”

你一脸神往，他的理解就是践踏他的尊严，每个人的命运自是因素纷杂，本来他已心烦意乱，你却奋力煽风，你的抱怨让自己过足了嘴瘾，愤怒却让他今夜无眠。

4. “上次那笔生意没戏了吧”

男人被指工作无能，在今天绝不亚于性无能，除非是你今夜“不想要”的阴谋，除非是对他得罪你的报复，否则金口紧闭吧，此时他一定横看竖看，你只等于两个字——可恶！

5. “别跟某某合作，迟早你要吃亏”

这件心里打鼓的事，又被在床上一次次地提起，合作伙伴、前途、钱途，如此压抑的话题，在这个想让爱荡漾的夜晚，你却自以为关心，自以为重点突出。对于男人看重的那些问题，女人最好三思，常常在枕边随口说，破坏的不只是心情。

6. “老公，你怎么赚得这么少”

哪怕你的收入比他高好几百倍，也不要炫耀，男人的自卑此时一定腾空而起。纷至沓来的念头一串接一串，其实频繁地换工作往往是导致事业失败的重要原因，此话带来的恶果很多时候已不光是今夜的翻脸了。

夫妻的枕边话大多是些温馨、浪漫或一天中最快乐、最有意义的话，或回忆，或温馨诉说，这样才能营造夫妻生活的浪漫和欢愉。有些夫妻不懂得这个重要性，往往如同审问对方一样，很快便破坏了夫妻床上的气氛，弄得双方不愉快。因此，枕边话最好不要是丧气话。

除此之外，夫妻之间的枕边话更忌讳单调、重复、枯燥无味。比如你连续几个晚上都重复着：“关灯，睡觉吧！”对方会说你太乏味。因此，枕边话最好在柔和的灯光下，诉说一下浪漫情怀，将别有一番情调。

“嘿嘿嘿”的禁忌

性生活作为人类传宗接代的一种手段，千百年来，它不仅赋予夫妻生活一种浪漫甜蜜的情调，也滋润着夫妻间相濡以沫的深厚情谊。

人类的性爱绝非纯肉体的结合，而是精神与肉体的结合。但是，性爱也有许多的禁忌，只要能做到这些，就基本可以保持一种健康的性爱心理。以下是性生活中的一些禁忌。

第一，忌勉强行事。

夫妻的性生活应该是在彼此精神愉悦并有欲望的情况下进行的，绝不是只有一方有需求或冲动而另一方心情郁闷时勉强行事，更不要强人所难或霸王硬上弓。这样不仅得不到性生活应有的欢愉，还会使情绪不好的一方反感。

第二，忌带病行事。

人在生病时，身体状况就会很差，此时过性生活不利于病体康复。夫妻双方应该克制，或暂时分居，千万不要以为这时过性生活是对对方的体贴和安慰。患了某些传染病时更要特别注意，在未治愈前应禁止性生活。

第三，忌没情感表达。

性爱情绪的萌生与发展是一个完整的过程，在进行性爱的前几个小时或前几天亦应进入某种精神意境，男女双方都应该注意接收对方的性爱信息，以最恰当的方式表达自己的情感。比如使日常的夫妻或家庭生活充满浓郁的情感，让一方时刻感到另一方的温暖与甜蜜，使生活充满浪漫。夫妻双方都应真挚、热烈、勇敢地去接受这种情感。

第四，忌酒后入房。

特别是大量饮用烈性酒后，人的血压会升高，心律会加快，在这种情况下过性生活，双方的强烈运动不仅很容易诱发心肌缺血，还会导致男性性生活障碍，妨碍性生活和谐。更要注意的是，由于酒精能导致精子畸形，如果女方这时受孕，很可能会出现流产或胎儿发育畸形，所以为了自身和后代着想，最好不要在酒后过性生活。

第五，忌画蛇添足。

在性爱过程中，夫妻双方的精神处于一种“超脱”状态，这是一种和谐的美。此时，恰当的语言和动作交流，会使双方从中感受到无限的乐趣。当然，可以有点想象力，它会帮助你提高性欲，使整个过程充满刺激。但这一切一定要恰到好处，最好不要把你所想象的东西告诉对方，否则会“画蛇添足”。

第六，忌长久不歇。

正常人35岁以前，性生活每周两三次为宜，35～45岁每周两次为宜，45岁以后每周一次为宜。个别人由于长期过频的性生活，导致疲劳或性欲降低，甚至无性欲。性生活是人的生理需要，如果有意去遏制这种需要，长此下去势必会引起性神经系统的抑制，夫妻双方都有可能因生理上得不到满足而导致性冷淡。

第七，忌匆忙而就。

有些男性不懂得女性的生理特点，不做好准备工作就急于过性生活，或因时间仓促，匆匆而就，草草收兵。这些做法都不能使女方达到性高潮，反而带给她们痛苦。经常这样，就有可能导致女方性冷淡。

第八，忌不讲卫生。

在污浊杂乱不堪的环境里过性生活，会影响男女双方的精神状态，干扰性生活，也会对健康构成威胁。

第九，忌饱食或饥饿时行事。

饱食时胃肠道充盈并充血，大脑及全身其他器官相对地血液供应不足，因此刚吃完饭不适合过性生活。饥饿时人的体力下降，精力不充沛，此时过性生活往往双方都得不到满足。

第十，忌经期性交。

女性在月经期间，子宫颈口开放，这时过性生活，阴茎带至阴道的致病菌将会大量繁殖。这些致病的“集团”菌随即蜂拥上行，穿过子宫颈，进入宫腔，最后到达输卵管，并在这里大量繁殖，不仅会引起输卵管炎，更有可能导致不孕症。

第十一，忌欲后淡漠。

通常男方射精后就算性爱结束，但女性的性高潮一般较男性来得晚，男性冲动过去后，女性冲动或许正值高潮。所以，男方要在此时给女方以爱抚。

第十二，忌男尊女卑思想作祟。

在性生活的过程中，有些人仍怀有“男尊女卑”思想，不听或不尊重妻子的意见，动作粗鲁，甚至粗暴，这种错误的做法将严重伤害妻子的自尊心，还会使妻子逐渐对性生活产生厌倦感。

第十三，忌黎明前过性生活。

在性生活过程中，全身许多脏器和组织都处于紧张的工作状态，神经系统高度兴奋。性生活结束后，需要一个养息和调整过程。黎明前醒来，马上要投入到一天的紧张工作之中，这时候选择过性生活，其质量未必理想，而且不利于身体的调息。特别是在寒冷的季节，由于性交后肌体御寒能力较差，起床后很容易得病。当然，有些夫妻为了提高性欲，把性生活安排在星期天的清晨，那则另当别论。

夫妻的性生活，宛如一首美妙的乐曲，有它的前奏、高潮和尾声。在这个过程中，夫妻双方应该全身心地投入，协调一致，方能奏出一曲美妙动听、有始有终的“性”福乐曲，进而使夫妻感情愈加深厚。

第十四章
危机——婚姻“凶猛”，你要如何应对

吵架：泄愤是在净化感情

不管是恩爱夫妻，还是感情一般的夫妻，面对生活问题，必然会有争吵。吵架固然会影响感情，却也能使婚姻中的问题明朗化。在《脾气没了，福气来了》一书中，作者这样阐述：“从某种意义上讲，泄愤也是在净化感情，我们把心中的怒火发泄掉以后，感情中的瑕疵也会冲洗得干干净净，不会留下沉淀物。心情沉淀下来之后，自然也就有了对刚才行为的愧疚心理，也就有了和解之心。”

夫妻之间有成长经历、生活习惯、家庭背景的差异，文化水平的差距和社会经济地位的不同，对子女教育态度的不一致，对双方父母的照顾不平衡等，这些都可能成为矛盾的导火索。争吵有时也是对家庭问题提出疑问，夫妻双方各抒己见，进行探讨，最终找到解决问题的办法。

夫妻应该凡事互相商量，增进相互理解，加强情感沟通，但生活中的问题太多，夫妻关系不可能总是和谐稳定。人有很多劣根性，夫妻之间有时也是“欺软怕硬”。婚姻中仅仅有爱情是不够的，责任感对幸福婚姻必不可少，吵架在特定的情况下也是一种传递和增强责任感的方式。如果一方只是根据自己的喜好生活，比如说丈夫酗酒成性，妻子屡劝不改，自然会影响彼此之间的感情；比如说妻子只知道自我享乐，不关心家中事务，整天打麻将，这也会让家庭幸福指数降低。每个家庭中夫妻双方的地位角色不同，自然在面对问题、解决问题的形式上也会有所不同。人与人的感情需要交流，夫妻间更需要保持沟通。语言在这个时候不再只是甜蜜这一种味道，摆事实讲道理的过程中免不了会有争辩，吵架也就在所难免。如果不是爱，那么吵架只是家庭的“战争”；如果是为了爱，那么夫妻吵架就是一种沟通方式。

事实上，夫妻间的正常争吵并不会伤害彼此的感情，争辩的结果应该是了解彼此真实的想法，达到和谐的目的，能把夫妻之间可能存在的问题明朗化，解决冲突，达到和谐。

争吵发生后，彼此如何处理与面对，这是婚姻生活中很重要的一门学问。夫妻之间争吵时应遵循以下3个原则。

一是争吵时先调整心情，再处理事情。夫妻吵架往往不在于谁对谁错，而在于双方的心情好坏。心情好，能把坏事看成好事；心情不好，能把好事看成坏事。一些夫妻往往把对方的优点、长处忽略不计，或看作理所当然，而单单斤斤计较对方的缺点、毛病，总是将这些看在眼里，烦在心里，就会挑剔、指责不断、吵架不止。夫妻间如果一方长期被挑剔、否定、指责，一定会发泄不快，导致心情沮丧，夫妻吵架就在所难免，而且会由小吵到大吵，由善意转变成恶意。

二是不要企图改变对方，而要先努力改变自己。夫妻一起生活，二人的兴趣、爱好、性格，以及思维模式和行为习惯很少有完全相同的，所以，各自对待生活的态度、处理事情的思想和方法会有不同之处。恩爱夫妻都有着共同的特点，就是能互相包容，而不是企图抹杀或改变，更不是企图把自己的兴趣、爱好、思维模式及行为习惯强加给对方。

三是夫妻争吵时不求胜利，只求沟通。夫妻吵架不必争谁输谁赢，只要在吵架中把自己心中的不满“吵”给对方就够了。有时大家说，吵架是一种强烈的沟通形式，因为通过吵架，即使对方没有完全接受你的观点、想法或意见，也已起到了交流感受、想法、意见的作用。尽管吵架是一种被动的沟通，但是，它比夫妻间有气发不出来，而闷在心里好得多。

夫妻吵架不求胜利，只求沟通的另一个方面——“不讲道理”是真道理。因为夫妻吵架，很少由原则问题引起，不必较真儿。如果凡事都较真儿，非要争出个谁对谁错来，那么“较真儿”本身就已经错了。

婚恋法则

吵架公约

两人相处，争吵是不可避免的，但再激烈的摩擦也需要守好底线，有些话不能轻易地说，有些事不能轻易地做，否则就可能小事变大。

1. 智慧的热吵胜过冰冷的冷战

相爱的两个人无论怎样爱对方，都避免不了吵架的可能性，吵架不可怕，可怕的是冷战，冷战会伤及男女双方情感的本质，也是种自私麻木的表现，永远记住：智慧的热吵永远好过冰凉的冷战。

2. 不骂人

一吵架就骂人，本身就已输了三分。记住，别丢自己的脸，也别让别人质疑自己的家教。除了要使用文明语言以外，男女在吵架时也不要说些过于尖酸刻薄的话，当对方不给台阶下的时候，自己的后路便堵死了。

3. 不论男女，在吵架的时候都切忌动手

男人打女人就不是什么男人，女人打男人有失风范，双方当然难免摔摔砸砸，但一地的狼藉还得自己费劲收拾。当然，为了制造点吵架的气氛，可以摔个枕头或是靠垫。

4. 就事论事，不翻旧账

一吵架就跑题的男女，每一架其实都是白吵，解决不了当前的问题不说，还真有可能吵到爱情枯竭。吵架也要就事论事，杜绝一吵架就翻对方的旧账，否则不只会平添新账，旧账也有可能又成了新伤。喜欢翻旧账的其实都是最没理的，说是没事找事也不为过。

5. 要面子也要里子

严禁在公共场合，以及家人、孩子、朋友面前吵架，想吵就关起门来偷偷地闹，别因为小事就把面子吵破，那里子估计也就保不住了。再吵也要把握住原则与底线，不要只说付出却不提得到。爱情是我们的里子，尊重是我们的面子。

6. 遵从“床头吵架床尾和”的原则

当天出现的问题当天就吵完，坚决不能留下隔夜仇，没吵明白之前，男女双方都不能摔门离开，不能不接电话，不能用沉默抗衡，更不能不做饭、不洗澡、不洗衣。该分手的实际上都已经没必要再吵，而那些“床头吵架床尾和”的男女，才是深爱的一对。

7. 吵架时不要以分手要挟对方

不论怎么生气或是如何争执，都要保持最后的理智与清醒，不能动不动就以分手要挟对方——分手只能结束关系，而不能解决问题。

8. 男人要迁就女人

男人要有男人的气量，女人要有女人的理智。男人一定要保持宽广的心胸和肩膀，以便女人转身时，给她一个温暖的拥抱，这一个拥抱或许就化解了她的怒火，说不好她也会还你一个热吻。

9. 女方要体谅男方

女人要有女人的温柔，女人是水做的，一个女人的柔情是对一个男人最大的诱惑。放着好日子不过，处处要和男人较劲矫情的女人是绕着幸福走的。女人把眼界放远，以便男人飞得再远，回过头来还能看见你深情的视线。

10. 争吵之后必须道歉

吵架的时候，最后一句话要轮流说，总有一个人要先闭嘴，吵架后双方更是要轮流道歉，以便下一次也争吵愉快。如果每次吵架都要针尖对麦芒般矫情，或是你死我活般较劲，那你们不是在吵架，而是在瞎折腾，渐渐地，离爱就远了，离分就近了。

别让爱情变得沉默

所谓爱情变得沉默，是指男女双方在婚前总有说不完的情话，诉不尽的蜜语，而婚后话语则变得非常简单，甚至到了无话可讲的地步。下面例子中的夫妇二人，就是婚后爱情变得沉默的典型。

周先生和郑女士相恋3年，终于登记结婚。两人在恋爱时亲密无比，经常看电影、逛公园、说情话、发短消息。后来，周先生凭着鲜花和钻戒，彻底征服了郑女士，于是两人幸福地步入了婚姻的殿堂。

初入婚姻之门，两人很是激动，蜜月期情意绵绵，颇有“只羡鸳鸯不羡仙”之感，但是，当婚假休完，二人正常上班以后，情形就变了。周先生工作挺忙的，公司离家又远，每天回来都感觉很累，谈恋爱时的那种生龙活虎的劲头似乎不复存在了。往往吃过晚饭，洗漱过后，上床看会儿电视就睡着了；有时兴致来了，也会上上网，打打游戏。郑女士感到老公对自己的爱不像以前那么多了。有时问他几句，他只会回答“是”与“不是”，仿佛没有什么精神，也不太愿意回答。有一次，郑女士问周先生：“我们周末回我妈家好不好？”周先生答道：“是！”郑女士有些火了，说：“我问你好不好，你怎么回答‘是’，是什么意思啊？你是不是烦我了？我看我们谈恋爱的时间这么短，我这么快被你追到手，你当然不会珍惜。”

周先生听了，也不相让，说：“你不知道我工作很累吗？一点儿也不知道体谅我，这些小事，你安排一下不就行了。”郑女士听了，更生气了，于是两人就吵了起来，之后他们便陷入了“冷战”。虽然一段时间之后又恢复了正常，但彼此心中留下了“心结”，经常会为一些生活琐事发生口角，常常“冷战”。

“爱情沉默”，是一种很正常也很普遍的现象。结婚之前，男女双方都会把爱情当成自己的事业，苦心追求、经营，而结婚以后，各自又会去追求自己的事情，只是男人把更多的精力放到了工作上，而女人则把心思放到了爱情、孩子身上。另外，恋爱时过多的精力投入本身就是一种非健康的状态，不可能永久，人总要恢复正常状态。所以多数人在婚后陷入沉默，或者有些矛盾也属正常。

你不妨审视一下自己的婚姻，如果出现了以下几种状况，就要警惕“爱情沉默”的侵袭了。

（1）很少对爱人说一些十分甜蜜的话；

（2）从不向爱人认错；

（3）两人从不共同讨论性生活问题；

（4）很少去想爱人需要些什么物品；

（5）常常觉得与爱人聊天是浪费时间；

（6）喜欢一个人做事，不愿意与配偶商量；

（7）认为故意取悦对方是庸俗的；

（8）搞不清爱人对自己的感情如何；

（9）爱人做了件自以为得意的事，你却不以为然，觉得没什么了不起的，不值得庆贺；

（10）遇到矛盾或问题，夫妻俩经常生闷气；

（11）认为“在爱人面前认错也很丢人”；

（12）有些事心里很不满，可又怕说出来伤了夫妻的感情；

（13）不知道爱人对自己哪方面不满意；

（14）婚后很少坐下来交流感情；

（15）爱人生气时，常常置之不理；

（16）有许多话不愿意对爱人说；

（17）在爱人面前谈论想法时，对方常常显得心不在焉；

（18）两人在一起，常觉得无聊；

（19）很少去探究爱人为什么总是情绪不好。

一旦出现了上面的一种或几种情况，你就要警惕了。以下提供一些应对“爱情沉默”的方案，不妨参考一下。

1. 学会共同创造新生活

多在生活中安排一些娱乐项目与交流感情的机会，因为这不仅仅是巩固和发展夫妻关系的需要，同时也是对繁忙、紧张工作的调剂，从而使人们能从紧张的工作中解脱出来，以旺盛的精力和充沛的体力，继续工作与学习。

2. 打破错误观念

婚后，生活确实变得现实多了，但只有不断发展类似婚前的那种恋情，平凡的生活才会产生乐趣，才能从生活的烦琐中体味到幸福。否则，每日埋头于生活琐事，会渐渐让人产生厌倦情绪，这样便使“结婚是爱情的坟墓”得到了印证。

3. 正确认识“男子汉”

真正的男子汉，应该是既懂大义，又明细理；既有七情六欲，又会适当表达。那种缺乏温情的、冷酷的男人，实际上是心理不健康。

4. 不要总想自己的尊严

夫妻间不应当笑话谁主动了，谁得面子了等。因为主动和热情本身就是对爱人的一种尊重与依赖，对方若以此取笑，岂不是不识好人心？

5. 增加性生活的和谐

和谐的性生活是夫妻感情的一种黏合剂。夫妻间如果性生活有了障碍，一定要去寻求科学指导。

婚姻是让爱情天长地久的重要保障，也是一种最幸福的生活模式，在婚后的生活中，夫妻之间一定要用心经营，合理沟通，千万不要让“爱情沉默”瓦解了本该甜蜜的婚姻。

婚恋法则

夫妻的对话机制

夫妻之间，要有一定的对话原则和机制，遵循这个机制，可以减少两人沟通中的障碍。

首先，要知道沟通什么。

说得多，不如说得好。谈到沟通，不少人误以为必须把心里的想法和感受全部讲出来。其实夫妻双方必须过滤说话的内容，对伤害夫妻关系的内容就不要说。

完全坦白，不如留有余地。常见的婚姻误区是：夫妻之间必须绝对坦白，不可有个人隐私，说话毫无保留。结果却使对方产生负面情绪，负面情绪累积多了，将不利于婚姻关系。

其次，要知道何时沟通。

许多人只顾自己的情绪，一吐为快，却忽视了听者是否听得进去。当一个人心中郁闷的时候，将不再有心思去倾听配偶的诉说，反过来也会使诉说者因不受重视而心生不满。所以，夫妻双方相互沟通之际，最好选择双方心平气和的时候，才能产生好的结果。

最后，要懂得如何沟通。

（1）沟通时，倾听比说更重要。在沟通时，一方急着表达自己的意见，忽视了对方在说什么，而各说各的，使沟通效果大打折扣。耐心倾听，并给予适当而简短的反应，例如，“原来如此……”“是……”及点头，让对方知道你正在听，也会让对方感受到被尊重。

（2）接纳。不论你听到什么，也不管对方表达的内容是对是错，先别急着辩驳或去指正，试着去承认对方真的有此感受，才能使他愿意放下防卫，弱化个人坚持，进而聆听你所说的话。认可对方并非表示同意对方的观点，只是让他觉得你能够体会他的个人感受。

（3）澄清。学习在沟通过程中给对方反馈，将你听到的告诉他“你的意思是……”“你是说……吗？”可避免因听错而产生不必要的误会。

（4）运用“我信息”。许多人喜欢用“你信息”来沟通：“你不准这样……”“你难道不能……”这容易让对方感受到威胁，从而引起反抗心理，或者激怒对方而引发矛盾。若运用“我信息”，以“我”开头，“我觉得……”“因为……我”则较无攻击性，让对方有较大的心理空间来思考你所说的话，而且用“我”开头，表示说话者自己负起这次沟通的责任；若用“你”来叙述，则把过错丢给听者，容易激起听者的负面情绪。

（5）表里如一地沟通。当你内在的想法与表达出来的信息一致时，一方面可以让你照顾到自己内在的需求；另一方面让配偶知道你到底要什么，才能重视你的问题。这样沟通，才能顾及双方的感受。

（6）具体化。说话者要尽可能把自己的感受与期待明确地表达出来，简单、具体、明确，能让对方清楚你要表达的重点。

（7）多用正向的语意。例如，“记得把用过的杯子拿到厨房放好”，将比“每次喝完开水，杯子总是乱放”这样的指责来得好。

（8）不可用威胁、羞辱等伤害性或批评性的言语。沟通的目的是希望自己的信息能被尊重与接纳，如果用具有伤害性或批评性的方式来传达，对方会产生防卫心理，可能会引起对方的负面情绪，这样会让双方陷入负面情绪中，失去沟通的作用。

（9）别陷入是非对错之争。沟通的目的在于交换信息以解决问题，增进了解或促进关系。但是夫妻沟通时，双方常把注意力放在谁是谁非上，意见的沟通变成意气之争，沟通时若不能对事不对人，则容易造成彼此的伤害。而沟通时无法就事论事，主要是受到思维方式的影响。

（10）欣赏与鼓励、包容与谅解。增进两人的情意，随时为两人的情感亲密度加温的沟通，可为夫妻生活的和谐美满打下深厚的基础。为了维护良好的婚姻关系，必须进行有效沟通，而沟通是需要学习的，如何通过沟通化解因男女差异而产生的矛盾是很重要的。

你们是过日子，不是打擂台

心理学家认为，现代人要想在社会中获得成功，首先必须具备不服输的品性，但在婚姻生活中却恰恰相反。美满婚姻往往存在于那些懂得把握“输”的技巧的人。夫妻双方在兴趣爱好、教育子女、亲友关系、投资理财等方面难免会有不同的观念，因此产生一些分歧和摩擦很正常。这时候，问题的关键并不在于具体某件事如何处理，而在于计较到底谁在家里占有主导地位，也就是自己被尊重关爱的程度。在许多人眼中，放弃控制权或是在争论中主动妥协是一种软弱无能的表现。可是，一定要明白，你们是在过日子，不是在打擂台。

实际上，家庭争论中的赢家不一定是胜利者，主动暂时地认输最终得到的会更多。我们从婚姻中最想得到的是什么？如果是爱与被爱、关心与被关心，那就必须互相谦让，互相尊重。婚姻就像一座两人共同建立的花园，只有一起种植、培土、灌溉，才能培育出美丽的花朵。没有爱的付出与牺牲，只想获得理想的回报，是不可能的。在夫妻争执中，你的认输，表明你对对方的深情，对家庭的呵护，事后伴侣会理解和醒悟。

夫妻间的差异无可避免，如果能够站在对方的立场上考虑，充分尊重彼此，这样效果会事半功倍。这就是换位思考法的基本立场。

下面的故事对我们应该有所启发。

莱曼兄弟公司是1850年由莱曼三兄弟：亨利·莱曼、伊曼纽尔·莱曼、迈耶·莱曼创办的。这三兄弟来自德国，后到美洲大陆寻找发展机会，经过他们的苦心经营，该公司共拥有资本约25亿美元，是华尔街历史上最大的投资银行之一。但由于兄弟三人彼此难以容忍对方的缺陷，最终导致公司破产。

亨利·莱曼是个事业型领导者，凡事从大处着眼，公司很多计划都由他制订；伊曼纽尔·莱曼则是精细的后勤人员，善于组织内务，精于算计；而迈耶·莱曼则脱离了他两个兄弟的方向，他的目标是创办自己的企业。迈耶·莱曼根本不顾及他的两个兄弟，一味地为自己将来的大企业着想，而另外两人则置迈耶·莱曼于不顾，只顾整个公司的继续发展。这样，矛盾便产生了。后来，迈耶·莱曼再也无法忍受集体（公司）的束缚，离他们而去，整个公司随之也分崩离析。

莱曼兄弟公司解体的故事说明了这样一个道理：所有的成功都是齐心协力创造出来的，如果失去了这种协作，那么，很难找到成功的道路。

兄弟之间如此，那夫妻间又该怎样相处呢？最重要的一条就是站在爱人的角度去思考。亨利·福特曾说：“如果成功有任何秘诀的话，那就是了解对方的观点，并且从他的角度和你的角度来看事情的那种才能。”这句话同样适合于处理婚姻问题。其实，夫妻间的许多分歧并不是什么大事，千万不要为了争一时输赢而僵持下去。如果你想保持美满婚姻，想获得爱人的真切关爱，首先应该明白，夫妻之间不存在输赢，若要想赢得对方的爱与尊重，你必须懂得让爱人做一个赢家。

做一个恶习终结者

人生活在社会上，经常会受到影响，这其中不乏不良风气的侵蚀。对于抵制力比较弱的男人，往往会不知不觉地沾染上一些不良习气，如吃、喝、嫖、赌等。轻则影响夫妻感情，重则导致家庭破裂，有心的女人绝不能让它发生。

那么，女人怎样才能管好自己的丈夫不沾染上这些恶习呢？

首先，找出爱人是怎样染上不良习气的。

一些男人之所以染上不良习气，有其心理根源。

一是追求时髦。现在，一些男人把吃喝玩乐当作一种时尚，误以为舍不得吃喝、不会玩乐便是落伍，怕被人讥笑为“乡巴佬”“守财奴”，于是就跟着别人学起来。在他们看来，嘴里叼根烟是有风度，能过量饮酒是有气魄，能玩会玩是会生活，打牌赌博是抖阔，结果不良习气便在他们身上扎了根。

二是自尊心的扭曲表现。一些男人也明知嗜烟、贪酒、好玩、赌博是不良习气，但就是怕被人称作“怕老婆”，便我行我素，硬撑着不改，以表现自己的“丈夫气概”。

三是一些男人认为，烟铺路，酒搭桥，玩结友，在这种思想指导下，男人便把烟酒等作为交际的手段，在不良的社会风气熏染下，一些男人养成了不良的生活习惯。

四是某种心理满足感的诱惑。如吸烟、饮酒、玩赌，不仅能给人以某种刺激，也能给人以心理上的满足。有这方面嗜好的男人若是每天不吸点烟、喝点酒，便觉得没有乐趣。这种心理上的满足感，往往诱发男人们去重复已意识到的不良东西。

五是侥幸心理的自我原谅。一些男人深知不良习气对一般人的危害，但对危害是否真落在自己头上存有侥幸心理。比如吸烟有损于健康，甚至会致癌；酗酒伤害肠胃与神经，还会闯祸；赌博是违法行为，容易造成家庭悲剧。这些浅显的道理他们都很明白，但他们感到这些不幸未必真会降临到自己头上，于是不在意，下不了改正的决心，自己原谅自己。

针对男人的不良习气，手段之一是规劝。采取规劝，可以是自己劝，也可以让其他人帮助劝。自己劝时可以用从恋爱到结婚的爱来感化；用电视或报纸上的事例来指点迷津；用社会或单位及同事中有人因此而走向犯罪的实例来引导；用温柔来关心，用体贴来打动。另外，也可以找朋友劝，找爱人的长辈、领导劝，用孩子劝。每个人都有朋友，其中必然有几个是爱人所佩服和敬重的，你可以把自己的苦衷和想法告诉爱人的朋友，让朋友在适当的时候劝说他。

劝说时，要动之以情，晓之以理。若是第一条，可以帮他认清什么是正确的风尚，什么是应该制止的倾向；若是第二条，可以向他讲明改掉不良习气不是怕谁听谁的问题，而要看到这样做对自己、对家庭是否有益；若是第三条，可以肯定社交对于人的重要性，但同时要指出烟酒不是交际的真正桥梁，在某种场合烟酒是交际的一种媒介，但要交到真正的朋友需要真心诚意和志向的一致；若是第四条，可以给他讲明人生的乐趣是什么；若是第五条，可以讲讲不良习气的危害，以及万一出现会给家庭带来的恶果。根据这些不同的症状施以良方，收效可能会明显一些。

其次，根据情况，提出相应的要求。

针对性格不同的男人，要采取不同的方法。有些男人性格外向，做事果断利落，可采取“突进”的办法，利用强迫手段，让他限期改正不良习气；有些男人性格内向，办事沉稳但拖沓，可采取“渐进”的办法，让他逐步改掉不良习气。

比如吸烟，对性格外向的男人可劝导他逐日减少吸烟量，由原来每天两包渐渐减少为一包、半包、几支，直至彻底戒掉；对于不良习气所产生的危害，也应进行具体分析，根据其不同的程度而采取不同的对策。比如嗜烟、贪玩对己对人不会产生太大的危害，属于一般性的不良习气，可采用渐进法，让爱人渐渐改掉，而习惯性酗酒和赌博对自己、对他人和社会会产生大的危害，属于一种恶习，就必须采用突进法，以坚决的态度让爱人立即改正。

再次，控制那些滋养不良习气的基本条件。

不良习气的形成都需要条件，缺少了这些条件，不良习气也就滋生不出了。女人如果能控制那些滋养不良习气的基本条件，也可以帮助男人去除不良习气。

例如，吃喝嫖赌都需要钱，没有钱，其中的任何一件事都做不成，如果爱人的兜里没有钱，他自然就没了念头，这颇有釜底抽薪之效。

其实，这也很容易做到。比如，男人要外出时你主动陪同。男人要出去玩时给他布置点他乐意做的事情。另外，要防微杜渐，把不良习气消除在萌芽阶段。男人有某些恶习，一定要防微杜渐，早期不以为然，或故作不知道，或认为不就是玩一会儿吗，没什么大不了的，结果一发不可收拾，等看到势头不妙，可能为时已晚。殊不知，许多人的恶习就是这样养成的。

对男人的恶习不能“惯着”不管，但也不能用吵架的方法来解决，冷语伤人，反而使矛盾激化，男人破罐子破摔之后，必然陷得更深。

有些女人在解决这个问题时会用威胁的办法来处理，比如以离婚相威胁，以报警相威胁。其实，具体事情要具体分析，对有些男人而言，如果他真的在这些恶习上不听规劝，即使是报警也不算过分。

总之，对染有不良习气的男人进行帮助，心意要诚，态度要好，并以启发其内在感受和觉醒为主要手段。你的一切方法都要能使男人感受到这是对他的爱护，使他从你或和蔼或严厉的态度中感受到温暖和鞭策。

“闪婚”：爱的游戏？

有些年轻人见面不到几天就闪电结婚，结婚没到几天又闪电离婚，行事之雷厉风行让人瞠目结舌。把婚姻大事当作儿戏一般，还美其名曰“爱的游戏”，不得不让人感叹。为什么会出现这种现象？这种“闪婚闪离”心理的现实原因到底是什么呢？我们来分析一下。

1. 不能自立

一部分年轻小夫妻，恋爱时如胶似漆，只重浪漫不重现实，一见钟情很快就准备结婚。可是担负家庭责任的心理还不够成熟，不具备独立养家的能力，家庭收入不稳定，小夫妻之间能够共浪漫、共享乐，却不能共患难。

王心如和付军都是独生子女，家庭条件都不错，家长给的零花钱比较多，两人养成了花钱大手大脚的习惯。大学毕业以后，两个人都没有固定工作，工作不开心就辞职，没收入就回去“啃老”。刚结婚的时候，两个人用父母给的钱买了房子，日子过得还可以。可是两个人没事都喜欢跟朋友聚聚，又都爱装大方，每次聚会必定是他们请客。长期没有收入，开销大，父母的供应渐渐不足。为了钱的事情两个人经常吵架，后来只能以离婚收场。

2. 观念开放

张启明和静文是在一次朋友的聚会上认识的。两个人一见面就擦出了爱情的火花，确定恋爱关系后就发生了关系。不久，静文怀孕了，两个人领证结婚。婚后，玩性不改的静文依然很晚回家，常常跟朋友出去疯闹，完全不顾及自己已有身孕。有一次，静文跟朋友一起跳舞时不小心摔倒了，孩子没了。张启明本来就对静文在婚后的表现不满，于是向静文提出了离婚。

这样的例子在一些年轻人身上并不少见。一些年轻人观念比较开放，爱了就在一起，发生关系也不避讳。不爱了就离婚，一点儿也不留恋。有些人即使结婚了，也依然没能弄清楚自己的责任，玩心不改，和很多异性保持着暧昧关系。

3. 缺少宽容

部分“90后”独生子女，从小受到父母的过分溺爱，凡事都听任自己的想法，在与人交往时缺少忍让和宽容。两个人在一起生活，难免会有一些磕磕碰碰，比如一个人想看电视剧，另一个人却想看球赛；一个人想吃辣，另一个人却想吃甜……彼此产生矛盾的时候，谁也不肯让步。

一部分年轻人有很强的占有欲望，自己的电脑不想被别人碰，即使对方是自己丈夫或者妻子也不行；不允许自己的另一半跟别的异性多交流，否则就会计较个没完没了。而且，部分年轻人对婚姻的要求很高，稍微有点不满意，就有可能产生离婚的念头。

4. 不会做家务

很多人虽然结婚了，可是仍然不能自己做家务。他们之中有些是在父母家里“蹭饭”，有些是平时自己买着吃，等到了周末再去父母家，顺便把一周攒下来的脏衣物拿过去洗。可是，两个人过日子，难免会有一些别人帮不了的事情，自己动手能力不强，遇到一些小事就有可能产生摩擦。

5. 离婚手续简单

年轻人的离婚案件中，很少会涉及子女的抚养和财产的纠纷等问题，这使他们的离婚变得轻松和容易。结婚没多久，拿着证书，10分钟不到就把婚离了，这确实有点过于“简单”了。

闪婚的心理学基础是，人类的性格是存在差异的。很多人本就不是一步一步慢慢来的慢热型性格，做事倾向于一步到位就搞定！

有些年轻人的婚姻如同赶场，可是多数大龄单身男女本身就想寻找安定的生活，如果还在婚姻中不断颠簸，那么势必弄得自己筋疲力尽。有人说“离婚如断骨，再婚如植皮，复婚如接骨”，纵使医术再好，总会经历一番疼痛。

婚姻不能如同儿戏，更不能是爱的游戏，当两个人决定彼此牵手走过馥郁的花丛，进入圣洁的礼堂时，就注定了两人的偎依必须担负起对彼此的责任。相爱，就更要尊重婚姻的严肃和庄重，这是两个人完成人生大厦的稳健的基石，也是漫漫婚姻长征的第一步。如果连这非常重要的第一步都是那么虚浮无力，怎么能期望爱情的长远旅行。

婚恋法则

婚姻的7个成长过程

一份糟糕的婚姻逼迫人失去心灵的自由，走进这样的婚姻就像是蜗牛缩进壳里；一份优质的婚姻则能让两个人共同成长，走进这样的婚姻，内心的幸福感会随着婚姻的成长而逐步增加。著名心理学家李子勋在他的作品《婚姻的烦恼》中，精辟地阐述了婚姻的成长过程，在他看来，一份圆满的婚姻会经历以下这7个过程。

1. 准备结婚及刚结婚时（孕育诞生期）

如果把婚姻看成一个有生命的东西，那么它受孕于两个人之间的浓情蜜语、山盟海誓。大多数婚姻在它还是胚胎的时候就夭折了，要不是某人的子宫小（爱的能力不够），就是某人的肚量窄（被爱的能力不够）。有些婚姻勉强诞生了，却带来许多先天不足，要么就不是单纯为了爱，要么就是渴望把对方当成自己。如果婚姻停留在这里，我们可以说人是结婚了，但心还没有结婚。

2. 结婚的第一年到第二年（婴儿期）

它是一个婴儿，见不到人就哭，要奶吃，要抱着睡，要把着尿，等等。两个人要完全打破常规来伺候它。婚姻不仅是现实产物，也是精神产物，这是两人的蜜月期。婚姻如果停留在这里，两个人就不得不与世隔绝而生活在非现实的童话般的梦幻里，因为他们已经被充满了，他们的心灵再也容不下一滴水。

3. 结婚的第二年到第五年（孩提期）

婚姻开始展现它的微笑，让两个沉醉其中的人发癫发狂。他们拼命地创造物质，并最有可能为婚姻“生产”一个实实在在的孩子，这个孩子是婚姻在这个时期的现实投影。婚姻如果停留在这里，内心忧喜参半，外表却是天作之合，许多人会羡慕你们的和谐与完美。如果就这样一辈子，会脸面很光彩，内心很贫乏。

4. 结婚的第五年到第十年

这是婚姻的反思阶段，依恋蕴含着对抗，“自行其是”对应着自我约束。此时，甜蜜并不是最重要的，重要的是自我在婚姻中的价值，谁说话算数，谁有决定权。情绪宣泄和情感出轨是可能发生的事。婚姻如果停留在这里，争吵、分离、对抗便成了家常便饭。所谓幸福的婚姻只是幻影，亲情、爱情慢慢变成“敌情”。

5. 结婚的第十年到第十六年

这是爱情回归到日子，经过了一番“争权夺利”，发现婚姻原来是一荣俱荣，一毁俱毁。两个人像品茶一样慢慢地品出婚姻的味道，夫妻间有了关爱、敬畏、感激，人性在这里日趋丰满，孩子已长大成熟。婚姻如果停留在这里，我们看到的是夫唱妇随的景象，但这还不是婚姻的全部，婚姻还要继续成长。

6. 结婚的第十六年到第二十六年

在这整整10年间，婚姻要经历平淡与悲喜苦乐，没有激情却温润平实，韵味无穷。有的家庭因为孩子离家，夫妻有许多时间重温旧梦，重回伊甸园，寻找第二春也可能不是幻影。大多数人家习惯了那种夫妻互补，彼此已是你中有我，我中有你。婚姻如果停留在这里，基本上要算完满了，虽然生命还在呼吸，生活也在继续，人却和婚姻融为一体。

7. 结婚的第二十六年以后

经历了萌芽、蜜月、癫狂、现实、回归、平淡以后，婚姻就到达永远。婚姻从内心到现实，从精神到肉体将两个人融合在一起，即便是意外、疾病、政治运动、意识形态甚至死亡，都不能阻隔它半分。这个时候，婚姻是真正完满了。

为什么建了围城又非要逃出围城

在现实生活中，婚外恋现象屡见不鲜，而且还有日益增长之势。婚外恋影响社会稳定，更影响夫妻感情。纳闷，为何已经辛苦组建家庭的男男女女非要逃出围城，在围城之外恋上一场呢？其中各有各的原因。

1. 婚姻的感情基础不牢

这是产生婚外恋的首要原因。随着社会发展、生活水平提高和人们对生活需求观念的更新，以及价值观的改变，意识中的那种对婚姻生活的不满足感，越来越强烈地表现出来。于是，原先维系男女之间爱情的链条断裂并导致情感逐步淡化。如果夫妻双方的关系不能进行有效的调适，不能重建并更新爱情，就可能在双方或一方产生移情别恋的动机，一旦遇到合适的异性，就会很自然地导致婚外恋。

2. 心理或生理长期得不到满足

心理学研究表明，人的需要的满足与否直接影响着人际关系的形成和发展。需要得到满足，对人际关系就起着增强的作用；反之，就产生失望之感，而削弱人际关系；若长期得不到满足，就会使人际关系疏远或中止。夫妻间爱情的发展同样遵循这一规律，夫妻中任何一方心理上或生理上的需要长期得不到满足，就有可能导致夫妻间心理上的隔阂，甚至使感情发生转移。

3. 心理孤独与性孤独

心理学家发现，孤独感常是外遇的主要原因之一，一个人要是没有人与他分享生活中大大小小的事情，孤独感便会油然而生，如果夫妻间缺乏感情交流，一方或双方便会感到孤独，以致产生婚外恋。

婚外恋的产生有其生理的依据，但更主要的是一种性心理行为。夫妻间性生活不只是一种宣泄和生理需要的满足，主要是维持夫妻感情的纽带，它不仅仅是肉体的交合，还应伴随有情感的交流，如果在性生活中缺乏感情的分享，有一方就会感到孤独和寂寞，人的感情就像一座火山一样，不会永远沉寂，总会有爆发的一天，一旦爆发，就会产生一种巨大的破坏力量，很多有婚外恋和外遇的人坦然地承认，与他们发生性关系的人要比他们的配偶有更大的吸引力。

4. 离婚的代价太大

一些社会心理学家认为，婚外恋之所以呈增长趋势，根本原因还在于离婚的代价太大。当今社会很多人对离婚的观念还是相当保守，一些已经“死亡”或应该“死亡”的婚姻，由于受到来自社会各个方面，包括工作单位、家人、婚姻机关、亲朋等的干预，以及当事人自身受子女、经济等因素的限制，顿觉离婚代价太大而却步，于是婚外恋就悄悄产生了。

此外，单调的生活方式、性格、受教育程度的差异等都是婚外恋出现的原因。

婚外恋从道德上通常是受到社会舆论谴责的，然而从某些角度来说，一份没有感情的婚姻也是不道德的。所以，走入婚姻前，一定要审视自己的内心需要，选对和自己相伴终身的人。更重要的是，在婚姻中，要清楚自己的责任和一个家庭的神圣意义，这样发生婚外恋的概率就会大大下降。

婚恋法则

如何修补婚姻的裂痕

随着时间的流逝，感情可能遭遇危机，但是，没有必要一出现问题就选择结束婚姻。如同一面镜子，没有必要一出现裂缝就直接丢掉，或许还能修补好呢！那么，在婚姻上如何修补裂痕呢？

1. 弄清对方外遇的原因

你要帮助另一半找出他外遇的真正原因和动机，帮助他分析，权衡利弊得失，并且从头到尾地检查婚姻究竟出了什么问题。当找出自己的原因时，你要诚恳地向另一半认错，并在以后的日子里用实际行动改正。

2. 追忆美好时光

把家庭影集拿出来，夫妻俩和孩子共同欣赏。在欣赏中，回忆你们的蜜月、度假，以及孩子出生时的激动时刻。你们还可以一家三口到你们二人恋爱时曾经旅游过的地方旧地重游，一同回味昔日的美好时光。

3. 重建亲密感

重新唤起两人的亲密感，关键是要承认每个人的差异，不同意对方的观点，也实在不是什么大不了的事，应该允许对方有自己的想法，要给对方表达意见与体验情感的机会。夫妻间要认真倾听，学会通过对方的言谈举止来体会对方的感受。另外，愤怒的妻子不要轻易提出分房或分床睡，否则会使夫妻间更加疏离。

4. 控制丑闻蔓延

从心理学的角度来说，夫妻是一个封闭的小群体，是两人的小天地，外人是不得进入的。有了婚外恋，最好在两人之间解决，吵也好，骂也好，暂且不要诉诸外人，不要轻易使矛盾激化。

5. 不要轻易在孩子面前暴露事实

不管夫妻感情如何，一般人都很爱孩子，都非常注意在孩子面前保持作为家长的尊严。当你忍不住要在家中大吵大闹时，这个时候若孩子也在家中，要尽量让孩子出去，否则就只能暂时忍耐一下或约对方去别的地方。或许你会关起卧室的门然后大吵大闹，你以为孩子根本听不到，那就错了，孩子是非常敏感的，哪怕只是小声地争吵，他也能感受到。也许你会想到把真实情况全告诉孩子，但同时你要知道孩子知道真相后会受到伤害。不过，当感情实在无法挽回时，与孩子的沟通也是必要的。

6. 将心比心

对于已经发生过的一切，无论你怎样后悔与懊恼，你都已经没办法抹去，此时你如果希望对方能理解你、原谅你，那么，就请互换角色尝试理解一下对方的心情，换一个角度看问题吧！这时，你们会发现什么情绪都是在情理之中，什么问题都可以解决，只要你们放开心胸，彼此接受。

7. 当合则合，当分则分

对于婚外恋这种情况，如果两人还有感情和不舍，那么可以尝试提出一些解决措施和方案，无论是出轨方的弥补还是受害方的自我调适。如果两人已经感情淡漠，或者仅仅因为孩子维持关系，或者碍于社会舆论，那么，这段婚姻就没有存在的必要。一段有名无实的婚姻才是对家庭最大的伤害。出轨方不可以理所当然地获得所谓的理解或原谅，受害方也不用处心积虑地报复或仇恨。一场婚姻的彻底破灭，一段感情的完全消失，一定有它的因果，既然因已经种下，那么这样的果已非人力可改。假装道歉、假装谅解、假装和好、假装幸福，这才是对双方尤其是受害方的不负责。

尾声

可以相信童话，但世上真没那么多皆大欢喜

有这样一个童话故事：

有一个国王去打猎时坠落山谷，当他孤立无援时，有一条巨大的神龙出现。神龙向国王提出了一个救助条件：国王必须回答一个全世界最难的问题，才能获得它的救助。神龙发问："女人究竟真正要什么？"国王被问到了，于是想出缓兵之计。国王说："神龙可否先救我，我将灵魂抵押给你，让我回到王宫寻求答案，七日后我会带着答案再来找你。"神龙说："可以，不过如果七日后你不信守承诺，你就会因失去灵魂而死。"

国王回到宫中将经历告知内阁大臣及国策顾问，结果大家都想不出答案而愁眉苦脸。眼看日子一天天过去，只剩两天期限了。国王的一位马夫说："城南有个巫婆知识渊博，她应该知道答案。"于是，国王便派英俊潇洒的侍卫长骑快马将巫婆请到宫中。

巫婆到宫中后，国王将经历和神龙的问题告知巫婆。巫婆说："答案我是知道的，国王的命我也能救，不过我有个交换条件，那就是要陛下的侍卫长在事成后娶我为妻。"国王不假思索就替侍卫长答应了并立下诏书为凭。

巫婆说："女人真正要的，是能由自己决定并主宰她自己的生活方式。"国王告诉侍卫长关于巫婆的要求，侍卫长差点昏倒，但为了国王的性命，只能愁眉苦脸且无奈地接受事实。

国王带着答案去找神龙要赎回自己的灵魂，神龙听到标准答案后，称赞国王是全世界最聪明的人，也依约将灵魂还给国王。

一行人回到宫中后即开始筹备侍卫长与巫婆的婚礼。婚礼当天，鸡皮鹤发的新娘配上年轻英俊的侍卫长，真是让人为侍卫长叹息。喜宴上巫婆

吃相难看不要紧，还边吃边大声放屁，不时发出不雅的笑声。侍卫长不敢在喜宴上发作，好不容易熬到入洞房的时刻，当巫婆换下礼服，从淋浴间出来时，侍卫长简直不敢相信他的眼睛，因为走出来的是一个美貌非凡的少女。她对侍卫长说："因为你信守承诺，没有对我发怒，容忍我在喜宴上放肆丢人，我决定往后每一天中有12小时变成温柔美女陪伴你，但是你可以决定我在白天变美女还是晚上变美女，选完就不能改变心意。"

年轻英俊的侍卫长顿时陷入两难的局面。因为他不知应该选择白天带一位绝世美女出门向朋友炫耀，让众人羡慕，而晚间要和一位鸡皮鹤发的巫婆同床共枕，还是白天让众人对老巫婆指指点点，嘲笑他可怜，而晚上却可以和美女夜夜春宵。

想了半天，年轻英俊的侍卫长最后向巫婆说："你自己决定何时要扮演你喜欢的角色就可以了，我不干涉你的生活方式。"巫婆听了很高兴，对年轻英俊的侍卫长说："由于你的包容与智慧，我决定24小时变成一个有教养的温柔美女陪伴你，照顾你。"侍卫长突然惊讶地发觉：原来幸福竟然如此意外地降临在他身上。

国王、侍卫长、巫婆最后皆大欢喜，众内阁官员全都不敢相信。

这么皆大欢喜的故事真让人快乐。但是，可能侍卫长根本不在乎女巫，他有资本可以在婚后找其他的美女。如果女巫不是会魔法，而是天生就丑陋无比，那她的命运又会是怎样的呢？侍卫长是否也只是看上了女巫漂亮的那12小时呢？女巫是否也只是为了展示自己的力量去考验、试探，甚至是炫耀自己有改变命运的力量呢？更何况两人的婚姻还是逼不得已！只能说，最后的结局是一个意外！这不是消极，而是现实！

我们可以爱得轰轰烈烈，也可以平平淡淡，只要自己快乐，只要两人幸福，只要家庭和睦，感情生活中我们总能做到主动——世上没有那么多童话，也没有那么多残酷，终归是归于我们自己对感情的态度和处理方式。即使出现问题或危机，不伤害，不打扰，是我们恋爱、结婚的最后的温柔。

谈恋爱也好，结婚也罢，我们可以感性到义无反顾，这是我们出于对这份感情的执着与尊重。同样，我们也需要理性相待，因为感情的双方都是活生生的人，都有自己的个性，而个性的差异有可能会带来伤害。我们学心理学、社会学也好，看两性读物、心灵鸡汤也罢，终归是在培养我们自己的一种思维。这种思维会强化很多对我们自己有利的感情因素，指导我们怎么去认识自己，怎么去认识和自己处于相爱状态中的对方，怎么处理两个人的关系，怎么建立更为稳固的交往……这些问题都不是只凭着“有爱就有一切”的信念就可以应对的。爱情不只是鸡毛蒜皮，也不全是高岭之花，它是一种需要我们辩证地去对待的东西。懂进退，懂爱，懂自己，懂对方，那么，感情生活就会更幸福！

愿天下有情人终成眷属，或者各安天涯！